AF523141

MICHAEL ROSCHER

Kritische Grade im Horoskop

Transpersonale Astrologie

Die besondere Bedeutung einzelner Tierkreisgrade wurde im Verlauf der Entwicklung der Astrologie immer wieder hervorgehoben. Der Autor legt ein eigenständiges Regelwerk zu diesem Thema vor. Jeder Grad auf dem Tierkreis hat eine individuelle Bedeutung, die sich in der Feininterpretation des Radixhoroskops, für die Prognose und die Geburtszeitkorrektur einsetzen lässt. Dadurch wird die Genauigkeit der Aussage wesentlich erhöht. Die Bezeichnung »Kritische Grade« ist nicht negativ zu verstehen. Sie soll zeigen, dass die Grade des Tierkreises in unterschiedlicher Stärke eigenständige Bedeutungen und teilweise das Tierkreiszeichen entscheidend verändernde Inhalte haben.

MICHAEL ROSCHER

Kritische Grade im Horoskop

Schnelldiagnose und Tiefendeutung

ISBN 978-3-89997-121-7
3. Auflage 2021

Umschlag: Walter Schneider
Druck: Finidr, Český Těšin, CZ

Zu beziehen im Buchhandel oder über:
Chiron Verlag, Postfach 1250, D-72002 Tübingen
www.chironverlag.com

Inhalt

INHALT

Vorwort zur 4. völlig überarbeiteten Auflage

Zurzeit scheint das nie ganz erloschene Interesse an der Bedeutung der einzelnen Tierkreisgrade neuen Aufwind erhalten zu haben. In der Tat ist dies eines der ältesten, «geheimnisumwittertsten» und zugleich umstrittensten Themen der Astrologie. Die Grundlagen für die Deutung der Tierkreisgrade sind in der Regel folgende:

- mystische, mediale Herleitungen, wie z.B. die bekannten sabischen Symbole, oder auch die Symbolreihe von Charubel
- Herleitung über Fixsternpositionen
- Herleitung von einem bestimmten Grundhoroskop her, wie die Gruppenschicksalspunkte nach Döbereiner
- Graddeutungen, die sich auf, wie auch immer geartete – selten sorgfältig begründete – praktische Erfahrungen berufen.

Die von mir seinerzeit so genannten «Kritischen Grade» leiteten sich ursprünglich von mathematisch, erkenntnistheoretischen Überlegungen her, die sich in der Praxis bestätigten. Weitere Grade wurden in der Praxis gefunden, deren theoretische Rechtfertigung sich erst teilweise in entsprechenden Untersuchungen der letzten zehn Jahren nachweisen ließ.

Inzwischen lässt sich zu jedem Tierkreisgrad eine Menge sagen, sodass der Begriff «Kritische Grade» im Sinne der Transpersonalen Astrologie seine missverständliche Bedeutung verloren hat: Es gibt keine guten oder schlechten Grade, genauso wenig wie es gute oder schlechte Horoskope gibt. Der Kosmos, das Sein und auch die Astrologie werten niemals, das tun nur wir Menschen, weil sich unsere Gehirne, wenn denn überhaupt, nur sehr spröde zu einem aussagefähigen und dennoch nicht wertenden Denken bewegen lassen.

Nichts interessiert den bei der Astrologie Hilfe Suchenden weniger als wertfreie Aussagen. Möchte er wissen, ob seine Wünsche und Ängste wahr werden oder nicht, so muss der fähige Astrologe, will er denn beraten, die Quadratur des Kreises wagen und eine Erkenntniskunst, die jegliche Wertung verbietet, in unser wertendes Denken übersetzen, ohne dabei seinen Kern zu vergewaltigen. Die konkreten Aussagen der Kritischen Grade können sicherlich zu wertenden und gar angsteinflößenden Aussagen allzu leicht missbraucht werden.

Doch wie bei der Anwendung eines Messers, mit dem man sowohl Brot schneiden als auch morden kann, das Instrument selbst unschuldig ist, so ist es den Kritischen Graden™ nicht vorzuwerfen, wenn Astrologen nicht die Reife und Verantwortung besitzen, mit ihnen weise und angemessen umzugehen. Es ist weder den Graden noch ihrem Finder anzulasten, sondern ausschließlich dem Anwender. Können doch auch die Farben nichts dafür, was für Bilder mit ihnen gemalt werden.

Nürnberg im April 2005 *Michael Roscher*

Einleitung

Wie werden die Kritischen Grade praktisch angewendet?

Bevor wir genauer auf die Theorie eingehen, die den Kritischen Graden™ zugrunde liegt, soll jenes Thema vorgezogen werden, das die meisten Leser vermutlich wesentlich mehr interessiert, nämlich deren praktische Anwendung:

Zuerst sollte man einfach die Kritischen Grade für den Aszendent und das MC nachschlagen. Wenn Sie eine genaue Geburtszeit haben (standesamtliche Angabe) und die entsprechenden Deutungstexte für Sie stimmig sind, gibt es keine Probleme. Wenn Sie z.B. mit dem Deutungstext für den Grad des Aszendenten gar nichts anfangen können, aber der davor liegende Grad genau passt, berechnen Sie Ihre Zeit neu. Falls die entsprechende Deutung für den Grad des MC genauso gut entspricht, dann liegt Ihre wirkliche Geburtszeit vielleicht etwas früher bzw. später. Bei Korrekturen, die über 15 Zeitminuten hinausgehen, sollte man bei gesicherter Geburtszeit sehr vorsichtig sein.

Wichtig ist: Die Kritischen Grade gelten im individuellen Horoskop nur für die Hausspitzen! Das heißt, wenn Aszendent und MC als stimmig empfunden werden, kann man die Kritischen Grade auf alle weiteren Häuserspitzen anwenden, und zwar im Sinne des entsprechenden Hauses.

Fortgeschrittene können die Konstellationen an den Hausspitzen als «erweiterte Häuserherrscher» auffassen, sofern die entsprechende Konstellation im Radix vorhanden ist. Dies kann erhebliche Auswirkungen auf die Deutung haben, ist aber naturbedingt denen vorbehalten, die mit den Methoden der Transpersonalen Astrologie (TPA) vertraut sind. Grundsätzlich gilt: Wenn die entsprechende Konstellation im Radixhoroskop schon vorhanden ist, wird der Kritische Grad umso deutlicher «wirksam» sein und in seiner Bedeutung entsprechend modifiziert.

Außer auf die Hausspitzen können die Kritischen Grade noch auf den Mond und in stark abgeschwächter Form auch auf Merkur, Sonne und Venus angewendet werden. Die Bedeutung ist jedoch, mit Ausnahme des Mondes, ungleich geringer als bei den Hausspitzen. Die übrigen Planeten haben im persönlichen Radix in Bezug auf die Kritischen Grade keinerlei Bedeutung! Sobald ein Planet länger als einen Tag auf einem Kritischen Grad steht, ist die Deutung im individuellen Horoskop völlig sinnfrei!

Anders verhält es sich in der Mundanastrologie oder in der Prognose, wie z.B. bei den Transiten. Dies ist jedoch nicht Thema dieses Buches. Ich möchte dringend empfehlen, sich bei der Deutung der Kritischen Grade in erster Linie zu konzentrieren auf:

- Aszendent und MC
- die Zwischenhäuser
- Mond, Merkur, Sonne und Venus.

Als ideales Häusersystem würde ich die topozentrischen Häuser oder, falls diese nicht zur Verfügung stehen, Placidus-Häuser empfehlen. Das Problem der richtigen Häusermanier stellt sich nur bei den Zwischenhäusern, da sich bei allen gängigen Häusersystemen nur die Zwischenhäuser unterscheiden, während Aszendent und MC immer gleich sind. Wenn Sie also mit anderen Häusersystemen arbeiten, können Sie ja mit der Deutung der Zwischenhäuser experimentieren. Bedenken Sie jedoch, dass die Kritischen Grade für die topozentrischen Häuser bzw. die Placidus-Häuser entwickelt wurden.

Jüngere Forschungen haben ergeben, dass sich die Kritischen Grade durchaus auch sinnvoll auf Campanus-Häuser anwenden lassen, auch wenn sich hierdurch die Deutungen ein wenig modifizieren.

Die theoretische Herleitung der Kritischen Grade

Den Ausgangspunkt für die Überlegungen zu den Kritischen Graden bildeten die Kardinalpunkte, die seit jeher in der Astrologie bedeutsam waren, auch wenn es nur wenige sinnvolle Ansätze zu ihrer Deutung im Radixhoroskop gibt.

In Abbildung 1 wurde der Tierkreis unten als Kurve dargestellt. Zum einen ist diese Darstellungsweise nichts anderes, als den Tierkreis als Sinuskurve (= gleichmäßige Wellenkurve) abzubilden. Zum anderen wird die «Ladung» der vier Quadranten deutlich, ganz ähnlich dem mathematischen Koordinatenkreuz:

Der erste Quadrant besitzt eine doppelte positive Ladung: Sowohl die Ausgangsposition als auch die Aufwärtsbewegung der Kurve sind positiv, also als aktiv zu werten, wobei hier positiv mit aktiv und negativ mit passiv gleichzusetzen sind und nicht in einem anderen wertenden Sinne verstanden werden sollten. Die doppelte positive Ladung gibt dem Quadranten auch eine gewisse «Statik», d.h. Einseitigkeit und Starrheit.

Beim zweiten Quadranten ist die «Ladung» positiv, die Bewegungsrichtung negativ. Ähnlich führt das Zusammensein von positiv und negativ nach diesem Modell, vergleichbar mit dem elektrischen Strom, zu einem Energiefluss. In diesem Sinne wird der zweite Quadrant als «Handlungsquadrant» bezeichnet.

Der dritte Quadrant ist rein passiv, was seiner Thematik Aufnahme von Eindrücken, von außen geprägte Einstellung und Gegengewichtung des ersten Anlagequadranten gut entspricht.

Der vierte Quadrant ist der Gegenpol zum zweiten: Ladung durch Lage und Bewegung ist genau umgekehrt wie beim zweiten Quadranten. In diesem Sinne kann man den vierten Quadranten also auch als Handlungs- bzw. Bewegungsquadrant auffassen. Es ist allerdings nicht das Individuum, das etwas bewegt, sondern umgekehrt wird dieses von außen, von «dem Schicksal», bewegt.

Schließlich bleibt anzumerken, dass diese Form der Tierkreisdarstellung genau den Jahreslauf der Sonne in den mittleren Breiten widerspiegelt: Bei Frühlingsanfang sind Tag und Nacht gleich lang; am 21. Juni, bzw. 0° Krebs, haben wir den längsten Tag des Jahres, die Sommersonnenwende; am Herbstpunkt sind Tag und Nacht wieder gleich lang, während wir kurz vor Weihnachten, um den 21. Dezember, den kürzesten Tag des Jahres haben (Wintersonnenwende).

Wichtiger als die Unterschiede der Quadranten ist das ihnen Gemeinsame: Alle stellen eine Verbindung einer Tag- und Nachtgleiche mit einer Sonnenwende dar, alle sind gleich groß und teilen das Horoskop in die vier gleich großen Abschnitte. Im Horoskop sind die gegenüberliegenden Punkte von Quadranten über Achsen (z.B. Aszendent und MC) miteinander verbunden. Über Spiegelpunkte sind die Quadranten untereinander verbunden. Dies war der Ausgangspunkt für mein «Sinuskurvemodell» zu den einzelnen Tierkreiszeichen.

Schon immer erschien mir die Vorstellung, ein Tierkreiszeichen «wirke» gleichmäßig 30° lang, um von einer Bogensekunde zur nächsten sich in ein völlig anderes mit einer quasi gegensätzlichen Wirkung zu verwandeln, unrealistisch. Was liegt näher als die Vorstellung oder Hypothese – so wie wir dies bei der Sinuskurve des gesamten Tierkreises gesehen haben –, dass ein Tierkreiszeichen sich am Beginn in einer Übergangssituation befindet: Das vorausgegangene Zeichen ist noch nicht ganz zu Ende, das nachfolgende hat noch nicht richtig begonnen. Das lässt sich im Übrigen ganz simpel auch astronomisch belegen: *Sowohl die Sonne als auch der Mond sind am Himmel ungefähr ein halbes Grad groß. Das heißt logischerweise, dass sich diese Himmelskörper bei jedem Zeichenübergang mit ca. 15 Bogenminuten noch im alten Tierkreiszeichen und mit 15 Bogenminuten schon im neuen befinden.* (Bei Horoskopberechnungen spielt dies nur deshalb keine Rolle, weil nicht der gesamte Himmelskörper abgebildet wird, sondern lediglich sein Mittelpunkt.)

Da Astrologie – hält man sich an die tradierte Definition – immer die Regel «wie oben, so unten» berücksichtigt, hat das, was astronomisch (in unserem Sonnensystem!) passiert, seine Entsprechung im Irdischen und umgekehrt. Eine Analogie, die sich

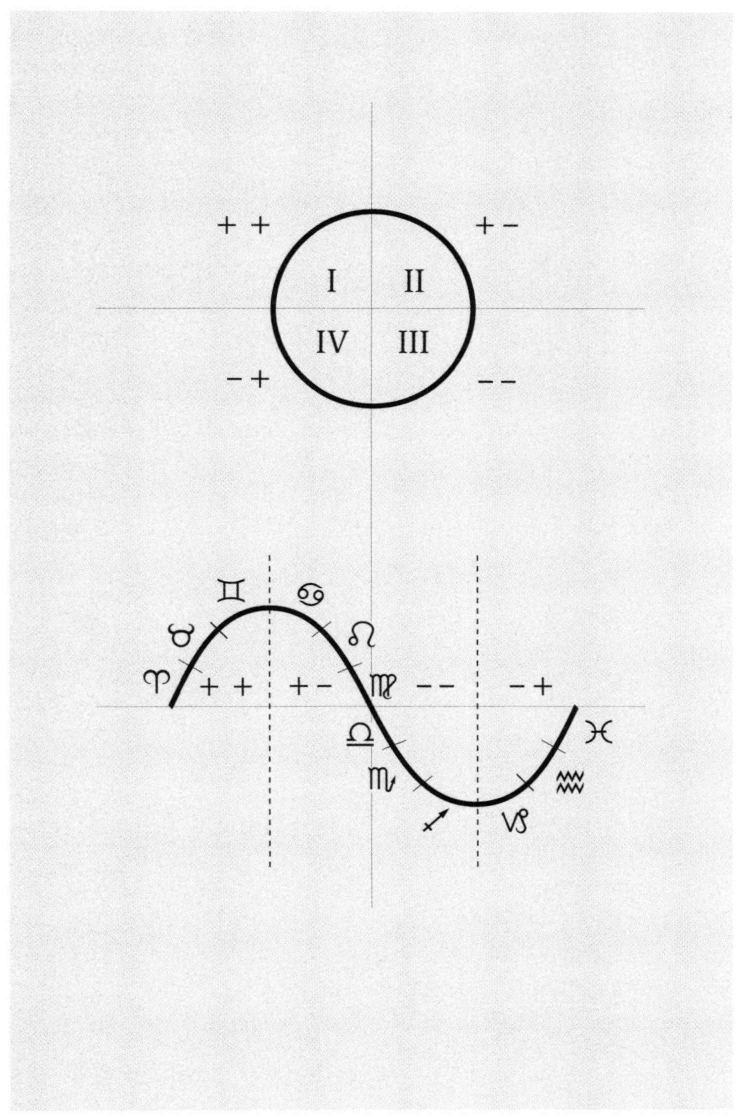

Abb. 1: Der Tierkreis als Kurve dargestellt

im Übrigen auch im «Vater Unser» widerspiegelt: «Wie im Himmel, so auf Erden».

Dass Sonne und Mond tatsächlich in zwei Tierkreiszeichen gleichzeitig stehen können, ist eine astronomische Tatsache, die meines Wissens in die astrologische Diskussion noch keinen Eingang gefunden hat. Das ist vermutlich großteils auf die heutzutage leider meist nur geringen Astronomiekenntnisse der meisten Astrologen zurückzuführen.

Anders ausgedrückt: Steht bei Ihnen Sonne oder Mond 15' vor oder nach Beginn eines Zeichens, steht sie definitiv auch noch im benachbarten Zeichen. Es geht eben doch, dass eines der Lichter in zwei Zeichen gleichzeitig steht. Falls Sie zu den Betroffenen gehören sollten: Tragen Sie es mit Fassung, es verändert Ihre Persönlichkeit nicht im Geringsten, sondern macht sie Ihnen höchstens besser verständlich.

Es wird jedem, der das System der Häuserherrscher akzeptiert, plausibel erscheinen, dass als Konstellation für den «Kritischen Grad» eine Verbindung der aneinander grenzenden Zeichen-Herrscher symbolisch bzw. pragmatisch verwendet wird. Also wurden 0° Widder Mars/Neptun, 0° Stier Venus/Mars, 0° Zwillinge Merkur/Venus, 0° Krebs Mond/Merkur usw. zugeordnet. In der Praxis haben sich die Zuordnungen der Herrscherkonstellationen erstaunlich präzise bewährt, sowohl im Radixhoroskop als auch in der Prognose.

Zwingend ergibt sich daraus, dass die Mitte des Zeichens einen Maximalpunkt darstellt, der die Inhalte des Zeichens so überspitzt vertritt, dass er, gleich einem Magnet, die Inhalte des gegenüberliegenden Zeichens anzieht. Die größtmögliche Polarität zweier Zeichen muss folgerichtig als Opposition gesehen werden. So ergeben sich für die 15. Grade eine Verbindung der sich gegenüberliegenden Herrscher, z.B. für 15° Krebs *und* 15° Steinbock die Kombination Mond/Saturn.

Es gibt folglich einen essenziellen Unterschied: Bei 0° haben wir immer eine andere Konstellation gegenüberliegen, während wir bei 15° immer die gleiche Konstellation im gegenüberliegenden Zeichen vorfinden.

Bei den «asymmetrischen Graden» (die in einem späteren Kapitel behandelt werden) wiederholen sich die Konstellationen sogar in leichten Variationen alle 90°.

Soweit also die Herleitung der Deutung von 0° und 15° im Stenogrammstil – mit dem unschlagbaren Vorteil, dass man sie nicht lernen «muss», sondern jederzeit erneut selbst ableiten kann.

Viele Jahre später kam mir darüber hinaus die Einsicht, dass innerhalb der Kritischen Grade der so genannte «point of no return» eine eigenständige Bedeutung haben müsste: Wenn ich den absteigenden Weg der Sinuskurve zur Hälfte zurückgelegt habe, braucht es genauso viel Energie für die Rückkehr wie um den Abstieg zu vollenden.

Umgekehrt gilt das Gleiche ebenso: Beim Bergsteigen kann nach Zurücklegen der Hälfte der Strecke die Entscheidung, umzukehren oder weiterzugehen, gleichgültig werden: Die Anstrengung kann gleich groß sein, nur winkt im einen Fall der Erfolg, im anderen das Scheitern. Hieraus ergaben sich die Punkte auf 7,5° und 22,5°. Aufgrund zahlreicher Gründe, die hier nicht näher ausgeführt werden, wurde experimentell angenommen, dass 7,5° einer Verbindung des Herrschers des **vorausgehenden** Zeichens mit dem Herrscher des gegenüberliegenden Zeichens entspricht, während die 22,5° als eine Verbindung des Herrschers des nachfolgenden mit dem Herrscher des gegenüberliegenden Zeichens zu deuten ist. Also wären demnach 7,5° Steinbock Mond/Jupiter und 22,5° analog Mond/Uranus.

Alle diese Formen von symmetrischen Graden funktionierten in der Praxis erstaunlich gut, auch wenn die theoretischen bzw. erkenntnistheoretischen Herleitungen zunächst nur bruchstückhaft waren. Angesichts der praktischen Bestätigung war das zu verkraften – wissen wir doch bis heute z.B. nicht, was Elektrizität ist, und dennoch können wir sie recht gut verwenden. Warum sollten wir ausgerechnet mit der Astrologie die «Wissenschaft» rechts überholen?

So war der Wissensstand etwa zwischen 1980 und 1990. Die weitere Entwicklung wurde noch herausfordernder – vor allem, wenn man von Haus aus eigentlich kein Mathematiker ist. Essenziell für ein Verständnis der theoretischen Herleitung wurden die Symmetrietheorie des verkannten Physikers Pauli und das Unvollständigkeitstheorem von Gödel, des besten Freundes von Einstein. Letzterer hat der Mathematik ein für alle Mal ihren Vollkommenheitsanspruch genommen, sie damit entzaubert und in die Sackgasse von Paradoxen geführt, aus denen es kein Entrinnen gibt. Der Gedanken eines in sich vollständigen, widerspruchsfreien Gedankengebäudes, ob mathematischer oder anderer Form, ist vollkommen unmöglich. Wenn Sie das Ego eines Mathematikers zerstören wollen, sprechen Sie ihn einfach auf Gödel an. Nicht umsonst werden er und seine Erkenntnisse weitgehend totgeschwiegen, obwohl ihre Bedeutsamkeit nicht geringer ist als die Relativitätstheorie. Doch die Relativitätstheorie eröffnete der Wissenschaft neue Tore der Erkenntnis, während Gödel nur aufzeigte, wo unwiederbringlich die Grenzen menschlicher Erkenntnisse liegen – und das will niemand gerne hören.

Auf Seiten der Philosophie löste Paul Feyerabend das Problem, u. a. in dem Buch «Erkenntnis für freie Menschen», worin er gleich auf der ersten Seite sein Horoskop abbildete, indem er zu einem lapidaren «anything goes» einerseits eine Philosophie völliger Freiheit, anderseits ein Zeichen völliger Ohnmacht stellte. Oder wie einer kluger Mensch, dessen Namen ich vergessen habe, auf die Frage, ob es Gott gäbe oder nicht, zu antworten pflegte: «Die Antwort liegt wohl, wie bei allen Dingen, irgendwo dazwischen.»

Wie alles anfing

Seit meinem zwölften Lebensjahr beschäftigte ich mich mit Horoskopdeutung. Nach den üblichen Kinderbüchern war das erste Buch, das ich in meinem Leben las, ein Astrologiebuch von Ernst von Xylander. Wie sich später herausstellte, das einzige Astrologiebuch meiner Eltern, die im Übrigen keinerlei Interesse an Astrologie oder anderen Grenzwissenschaften hatten – ganz im Gegenteil.

Mit ca. 20 Jahren hatte ich alle deutsch- und englischsprachigen Bücher über Astrologie gelesen, derer ich habhaft werden konnte. Wenn man weiß, wie man mit der Fernleihe umgehen muss, ist dies nicht weiter schwierig und kostengünstig. Ein wenig Charme schadet zudem nichts und offenbar konnte ich als vertrottelter Student diesen in den richtigen Momenten aufbringen, ohne zu wissen, wie ich das anstellte. Später lernte ich die notwendigen «Techniken», die mir mehr als einmal das Leben retteten. Diese sind sehr einfach: Wenn du von jemandem etwas möchtest, sei so ehrlich und so freundlich wie du kannst, zeige, wie wichtig dir deine Sache ist und was du alles dafür tun würdest.

Wenn dir jemand im Weg steht oder dich angreift, gib auf, wenn die Sache nicht wichtig genug ist; oder aber mache dem anderen klar, dass dich nichts aufhalten kann, aber auch rein gar nichts, um dein Ziel zu erreichen. Das funktioniert nur, wenn du tatsächlich vor nichts zurückschreckst. Eine gewisse Portion kontrollierter Wahnsinn ist dabei sehr hilfreich.

99 Prozent aller Menschen sind Herdentiere, die auf Befehl und Gehorsam programmiert sind. Wer die Regeln überschreitet, erzeugt Verwirrung, und schließlich werden die Übrigen aus Unschlüssigkeit «gehorchen», weil sie instinktiv ein solches Verhalten nur einem Alpha-Tier zutrauen.

Aber das ist eine andere Geschichte …

Alles fing in der «Steinzeit» an, als ich Horoskope noch ohne Computer berechnete und mich an der Korrektur des Horoskops von Hitler versuchte, mit der von mir bevorzugten Methode des Astrologen Valentin Naboda (fälschlich Naibod). Beim Nabodbogen werden MC und Aszendent um 59'08" pro Jahr (also fast ein Grad) verschoben. Nach Wochen war ich mit meiner Korrektur zufrieden, lediglich ein wesentliches Ereignis konnte ich beim besten Willen nicht finden:

Hitler wurde als Meldefahrer im Ersten Weltkrieg durch Kampfgas verletzt, blieb für eine Weile im Lazarett und war zeitweilig blind. Neben der Kriegsverwundung war er von seinem eigenem Unverwundbarkeitswahn entzaubert, was bei ihm sicherlich ein erhebliches Trauma hinterließ. Wie auch immer: Ich notierte mir, dass nach dem Nabodbogen das MC auf ca. 26,5° Zwillinge stand, ohne dass es weitere Auslösungen gab.

Kurze Zeit darauf hatte ich einen Klienten, dessen Heroinsucht begann, als das MC auf 26,5° Zwillinge stand.

Im Horoskop einer Tante, die Nonne wurde und später einen Priester heiratete, waren 26,5° Zwillinge ausgelöst, als sie ins Kloster eintrat.

Als ich das Horoskop eines Kindes untersuchte, das aufgrund von Sauerstoffmangel während der Geburt «grün und blau» zur Welt kam, stellte ich fest, dass der Aszendent auf 26,5° Zwillinge stand. Ich nahm einfach an, dass auf diesem Grad Merkur/Neptun liegen müsste, und weder meine Erfahrungen noch die meiner Schüler bewirkten, an dieser Einsicht etwas zu ändern.

Als Nächstes kamen die berüchtigten «Todesgrade» – wenn kein genaues Geburtsdatum einer berühmten Persönlichkeit bekannt war, das Todesdatum war so gut wie immer dokumentiert, im Zweifel auf die Stunde genau. Natürlich bedeutete dies nicht, dass man bei der Auslösung dieser Grade zwangsläufig sterben musste, dafür werden sie auch viel zu oft ausgelöst, und wie mein Freund und Co-Autor Werner Völkel einmal in einem Vortrag sagte: «Natürlich muss man nicht bei jeder Auslösung eines Todesgrades sterben, das hält ja auch keiner auf Dauer aus.»

So kann ein Todesgrad z.B. eine Beförderung oder auch Scheidung bedeuten: Die Vergangenheit ist «tot» und die Zukunft frei für Neues. Metaphysisch gesehen stirbt sowieso jeder von uns in diesem Leben viele Tode, und nur die Illusion eines kontinuierlichen Gedächtnisses (das sich zukünftigen Bedingungen anpasst und sich entsprechend verändert) erzeugt den Trugschluss einer durchgängigen Identität.

Auf diese Weise wurde nach und nach empirisch eine Vielzahl von Kritischen Graden gefunden, oft bevor die theoretische Begründung vorlag.

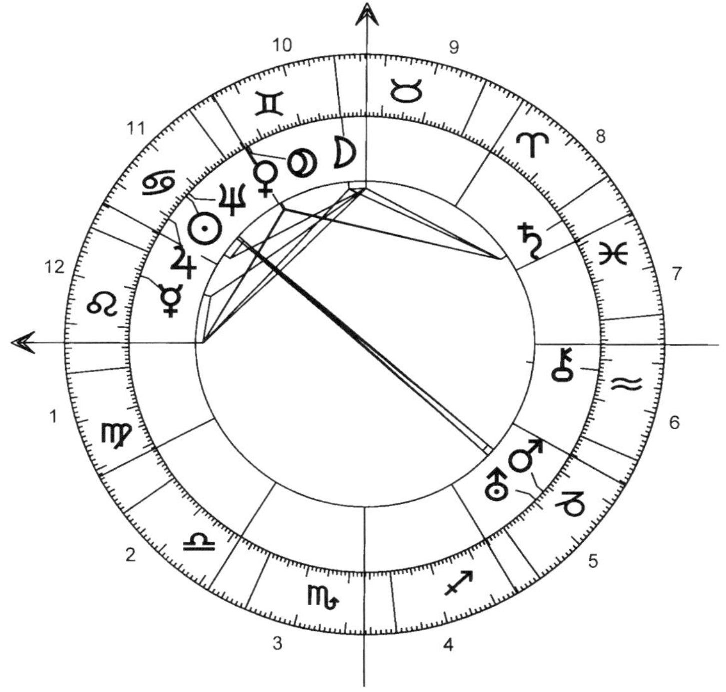

Abbildung 5: Frida Kahlo

Anwendungsbeispiel Frida Kahlo
von Brigitte Hamann

Die Malerin Frida Kahlo ist ein eindrucksvolles Beispiel dafür, dass es bereits anhand der Kritischen Grade an Hausspitzen möglich ist, sehr konkrete Aussagen über grundlegende Wesenszüge und den Lebensablauf eines Menschen zu machen. Planeten und ihre Aspekte sind dazu nicht nötig. Voraussetzung ist allerdings, dass die angegebene Geburtszeit überprüft und gegebenenfalls korrigiert wurde. Im Fall von Frida Kahlo ergab sich eine Verschiebung der Zeit um lediglich eine Minute, von 15 Uhr 7 GMT auf 15 Uhr 8 GMT. Beide Hauptachsen fallen in diesem Horoskop auf den Kritischen Grad 23°-24° fixe Zeichen mit dem Inhalt Saturn/Uranus: 23° 51' Löwe/Wassermann an der AC/DC-Achse und 23° 40' Skorpion/Stier an der IC/MC-Achse. Die außerordentliche Betonung von Saturn/Uranus in diesem Horoskop weist auf eine besondere Dramatik in den Lebensbedingungen hin, und zwar sowohl im Körperlichen (23°-24° Löwe am Aszendenten, das «Zerbrechen der körperlichen Form») wie in Partnerschaften (23°-24° Wassermann am Deszendenten) wie auch in der großen Lebensleitlinie, die die IC/MC-Achse darstellt. Auch die Unvereinbarkeit der Eltern spiegelt sich hier: die Mutter fromm und gesellschaftskonform, der Vater ein Freigeist. Die Erfahrung der unterschiedlichen Charaktere der Eltern sind die äußeren Bilder der inneren Widersprüchlichkeit Fridas, die sich ein Leben lang auf die unterschiedlichste Weise definierte.

Vier Merkmale kennzeichneten Fridas Leben, alle sind über 23° fixe Zeichen angelegt: ein eigenwilliges, unkonventionelles Denken und Naturell; der Busunfall, der ihr Leben im Alter von 18 Jahren für immer wendete; die Dramatik ihrer zwischenmenschlichen Beziehungen und ihre ungewöhnliche Kunst, die durch ihre emotionale Ausdrucksstärke und schonungslose Darstellung drastischer Erfahrungen die Grenzen herkömmlicher Malerei sprengte und etwas bis heute Einzigartiges bildet.

Vier Merkmale, vier astrologische Punkte: Der Aszendent zeigt die Möglichkeit der «zerbrochenen Form» im Körperlichen an, dessen Ursache Frida von außen, in Form des Busunfalls (Deszendent), entgegenkommt. Ebenso spiegelt sich der Deszendent in ihrer ungewöhnlichen, von extremen Höhen und Tiefen, von Brüchen und Wendungen gekennzeichneten, lebenslangen Beziehung zu dem Maler Diego Rivera, in ihrer Liebe zu dem Jugendfreund Alejandro, der sie nach dem Unfall verließ, und in der Erschütterung, die die Ermordung Leo Trotzis, den sie geliebt hatte, in ihr auslöste.

Ebenso wie Diego war Frida eine Anhängerin der Revolution und lehnte das Establishment ab: 23° fix an der IC/MC-Achse. Ein tief verwurzeltes Bedürfnis (IC), Bestehendes aufzubrechen und zu erneuern sowie dies in der Gesellschaft (MC) zum Ausdruck zu bringen, es als Berufung zu sehen. Auch die Faszination des Widersprüchlichen, eine Neigung zu Spannungssituationen, der Wunsch, das Leben nicht als eine Abfolge geradlinig angelegter Ereignisse zu erfahren. Und: Das Übermaß an Schmerz und Erschütterungen in Bildern auszudrücken, die ihr Mann Diego mit den folgenden Worten beschrieb: «Es ist das erste Mal in der Kunstgeschichte, dass eine Frau restlos aufrichtig, ohne Beiwerk und, so könnte man sagen, mit ruhig-unerbittlicher Ehrlichkeit jene allgemeinen und besonderen Dinge, die ausschließlich die Frau betreffen, ausgedrückt hat. Ihre Ehrlichkeit, die man zugleich als sehr zärtlich und grausam beschreiben kann, hat sie bewogen, von bestimmten Tatsachen aufs Gewissenhafteste Zeugnis zu geben; darum hat sie ihre eigene Geburt gemalt, ihr gestillt werden, ihr Aufwachsen in der Familie und die vielen schrecklichen Leiden, ohne je die Fakten auch nur im mindesten aufzubauschen oder zu verfälschen ... Frida ist ein wunderbarer Mensch, voller Lebenskraft und dem Schmerz gegenüber ausdauernder als die meisten anderen. Dazu kommt natürlich eine ungeheure Sensibilität, die von großer Feinfühligkeit und Wahrnehmungsfähigkeit geprägt ist» (zitiert in: Rauda Jamis: «Frida Kahlo», München 2000, S. 276). Eine ausführliche Biografie von Frida Kahlo finden Sie in dem Buch «Entwicklungsorientierte Astrologie» (Tübingen 2004).

Zeichenerklärung

« / » bedeutet: Vollwertige Konstellation, vergleichbar einer Konjunktion oder einem Quadrat. Dies ist wertfrei, sie enthält «auch dann, wenn es nicht aufgeführt wird», immer auch die exakt gegensätzlichen Inhalte.
Beispiel: Venus/Mars (0° Stier) = Abtreibungsgrad, kann aber ebenso, wenn auch wesentlich seltener, einer Kindsgeburt entsprechen.

«( )» Klammern bedeuten: Die Konstellation gilt parallel zur Hauptkonstellation. Diese Konstellation löst sich allerdings immer und unabhängig von Radixkonstellationen aus.
Beispiel: Uranus/Pluto, (Jupiter/Pluto)

« + » bedeutet: Planet + Zeichenherrscher; allerdings wirkt der Zeichenherrscher nur sehr schwach, es handelt sich nicht um eine vollwertige Konstellation. In seltenen Fällen handelt es sich nicht um den Zeichenherrscher, an der Wertigkeit und Deutung ändert sich nichts.

Beispiel: 23–24 Merkur + Mond. Hier mag man den Mond mit der Farbe eines Autos vergleichen, das eigentliche Fahrzeug ist in diesem Fall der Merkur.

Widder

♈

29–1 Mars/Neptun

Formloser Gestaltungsdrang; der «Zündfunke»; «unschuldig wie der junge Schnee»; unfähig zu emotionaler Ernüchterung, aus Schaden nicht klug werden; häufig Anlage zur Kreislaufschwäche, erhöhte Infektionsneigung; Aggressionslähmung; Schwierigkeiten, sich offen in Konfliktsituationen durchzusetzen, daher manchmal Neigung zu übertriebener «Diplomatie»; Angst, eindeutige Standpunkte zu äußern; Lügner aus Angst vor Sanktionen; grundlose Aggression; manchmal Hinweis auf außergewöhnlich kleine und zierliche Erscheinung oder das genaue Gegenteil; Störungen im Adrenalin- und Testosteronstoffwechsel (bei Frauen häufig verstärkte Körperbehaarung); fühlt sich grundsätzlich schutzlos und von allen angegriffen; Entscheidungsschwäche, durch (zu) viele Neigungen und Interessen.

1–2 Mond/Uranus, Venus/Mars

(gilt für alle kardinalen Zeichen)

Emotional unberechenbar und leidenschaftlich; kontaktfreudig bis distanzlos; Tendenz zum Manisch-Depressiven; Schwankungen zwischen Lähmung und Überaktivität; manchmal Schilddrüsendysfunktion («hot spots»); konfliktfreudig, Sehnsucht nach permanenter Verliebtheit; oft Schwierigkeiten, zu einer geordneten Lebensweise zu finden; wenn andere Horoskopfaktoren dies bestätigen, können sich anorektische (magersuchtartige) Essstörungen ergeben; Neigung zum Raubbau an den eigenen Reserven, daher u. a. erhöhte Erkältungsanfälligkeit.
Spitze 10: im Beruf und in der allgemeinen Lebensführung Hin- und Hergerissensein, sich nicht entscheiden können.

2–3 Mond/Mars

(gilt für alle kardinalen Zeichen)

Ungeklärter Selbstbezug; Autoaggression; Ablehnung des Männlichen, leistungsorientiertes Empfinden. Fühlt sich schnell angegriffen. Flucht in «Arbeitswut», schnell beleidigt, kann dafür umso besser austeilen. Angst, Schwäche zu zeigen. In Belastungssituationen Neigung zu Schleimhautentzündungen. Im Extremfall Schwankungen zwischen Panik und Aggression. Masochistische Neigungen in konstruktiver (über sich selbst hinauswachsen können) oder destruktiver Form.

Identität von Aggression und Empfinden; Konkurrenzorientierung; überdurchschnittlich ausgeprägte Neigung, sich von anderen seelisch verletzt zu fühlen. Auf alles, was als persönlicher Angriff interpretiert werden kann, reagieren die Nativen besonders empfindsam. Fähigkeit, die Schwachpunkte bei anderen zu erkennen.

Permanente Stresssituation, die es schwer macht, anderen etwas neidlos zu gönnen. Insbesondere bei Frauen Möglichkeit von Essstörungen, vor allem in der Pubertät: Luftschlucken, Magersucht, Bulimie, Fettsucht. Im Leben mehr erreichen, als dies anderen möglich ist. Dominante Mutterproblematik, erhöhte Verletzungsneigung, im Extremfall Neigung zur absichtlichen Selbstverletzung.

3–4 Mond/Neptun

(gilt für alle kardinalen Zeichen)

Seelische Betäubung, Wahrnehmungsverzerrung bzw. -betäubung; extrem sensibilisierte Wahrnehmung. Vorgänge und Ereignisse vorausahnen, Intuition, Glücksspieler und Spekulant. Ausgeprägtes Wunschdenken.

Unpraktisch erscheinen; Romantiker, Stimmungen und Ansichten, die für persönliche Umwelt manchmal schwer nachvollziehbar sind. Sich mit künstlerischen Dingen, insbesondere der Malerei, beschäftigen. Empfindliches Nerven- und Lymphsystem. Neigung zu Hormonstörungen, vor allem Östrogenüberschuss oder -mangel.

4–5 Mars/Uranus + Neptunfärbung (Saturn/Uranus)

(4,5 Grad kardinal: Zeichenherrscher/Uranus + Neptunfärbung)
Durchsetzungsschwäche (besonders bei Frauen); wider Willen «lieb» sein müssen mit entsprechender Ausrastungs-/Aggressions-Problematik; ausgeprägte innere Unruhe; Neigung zu diffusen Ängsten; insbesondere bei Männern gesteigerte Neigung zur Promiskuität; bei Mineralmangel deutliche Krampfneigung; Tendenz zu Neuralgien; übererregbar; Anlage zu allen Formen von Nervenerkrankungen; Entscheidungsschwäche; häufig jugendliche Erscheinung; «schlägt den Sack und meint den Esel»; bei Frauen: gespaltenes Verhältnis zum Männlichen; oft Hassliebe zum Vater.

5–6 Venus/Jupiter

(gilt für alle kardinalen Zeichen)
Beliebt, kommt gut an oder wird wegen Eitelkeit und Selbstüberschätzung abgelehnt. Sucht häufig Selbstbestätigung über die Sexualität, bis hin zu Suchtverhalten (Bill Clinton). Benötigt viele soziale Kontakte. Braucht den Partner, um erfolgreich zu sein. Bei Männern oft chronische Fremdgänger («Don Juan-Syndrom»). Bei Frauen: vom hässlichen Entlein zum Schwan, tut alles für die eigene Schönheit. Oft sehr egoistisch, kommt dann mit nachlassender/m Attraktivität bzw. Einfluss immer schlechter zurecht. Guter Lügner. Oft sozial engagiert. Geschäftssinn und Karriereplanung oder im Gegenteil in den Tag Hineinleben und darauf warten, «entdeckt» zu werden. Tut alles, um geliebt zu werden, wobei Liebe oft mit Bewunderung verwechselt wird.

6–7 Jupiter/Pluto + Mars

(6,5 Grad kardinal: Jupiter/Pluto + Zeichenherrscher)
Autistoide Neigungen: intensive zwischenmenschliche Kontakte, von denen man jedoch emotional relativ unberührt bleibt; ausgesprochen ambivalente, aber ausgeprägte Mutterbindung; hochfliegende Pläne, die mit großem persönlichen Einsatz verfolgt werden; Anfälle von Sinnlosigkeitsempfinden werden durch nervale Überpeitschung vermieden (Stress als Droge); kann für die Verwirklichung persönlicher Interessen «über Leichen gehen»; oft Hinweis

auf offene oder latente Homo- bzw. Bisexualität. Neigung zur Selbstüberschätzung; «der perfekte Staubsaugerverkäufer».

7–8 Venus/Neptun

Nierenschwäche; Romantiker; künstlerische Begabung; Abgrenzungsprobleme; Aufforderung, ausgenutzt zu werden, insbesondere bei Frauen; Hingabeangst, daher Tendenz zu «illegalen» Liebschaften (verheiratete Partner etc.). Gefahr, Opfer von «Heiratsschwindlern» zu werden. Durch Fehleinschätzungen von Partnern und Freunden wachsende Enttäuschung und Misstrauen.

8–9 Mond/Merkur

(gilt für alle kardinalen Zeichen)

Muss reden oder schreiben, um sich emotional zu stabilisieren; das Kind einer konfliktscheuen und/oder nicht greifbaren Mutter; die Mitteilsamkeit steigt mit dem Grad der inneren Anspannung; muss seine Gefühle verbalisieren, um sie zu verstehen; im Extremfall: «Plaudertasche»; meint es immer nur gut und kann gerade dadurch anderen auf die Nerven gehen; Angst, sich emotional festzulegen, da die Folgen nicht überschaubar sind; oft schauspielerisches oder allgemein künstlerisches Talent; gelegentlich Neigung zu Hysterie und Hypochondrie; übernahm in der Geschwisterfolge oft die Rolle des «braven Kindes», die man dann ein Leben lang (durchaus erfolgreich) abzuschütteln sucht.

9–10 Venus/Mondknoten

(gilt für alle kardinalen Zeichen)

Kontaktathlet, kann sehr schnell Nähe zu anderen herstellen, die sich oft jedoch nicht bewährt bzw. zu komplizierten oder gar tragischen Verwicklungen führt. Erhöhte Suchtgefährdung. Macht sich das Leben unnötig kompliziert. Tendenz zu «schicksalhaften» Begegnungen. Kontakte zu Freunden und Partnern sind von außerordentlicher Wichtigkeit. Flucht in die Oberflächlichkeit als Risiko. Verführbar durch Luxus und Statussymbole. Wirkt oft außerordentlich attraktiv. Traut sich in Krisensituationen nicht unter die Leute.

10–11 Mond/Venus

(gilt für alle kardinalen und beweglichen Zeichen)

Hingabefähig; optimistisch; oft charmant; außergewöhnlich erotische Ausstrahlung, insbesondere bei Frauen; emotional labil, ohne dass dies der Umwelt auffallen müsste; hat von der Mutter gelernt, wie man sich nicht gibt (die Mutter als abschreckendes Beispiel); oft in großem Maße durch die Meinung anderer beeinflussbar; kann über Gefühle leicht manipuliert werden; vielfach außergewöhnlich gutmütig, was jedoch bei Missbrauch in verblüffende Aggressivität umschlagen kann; manchmal Neigung zu Passivität, indem man wichtige Entscheidungen anderen (vor allem dem Partner) überlässt.

11–13 Jupiter + Mars

(Alle 12er-Grade sind Jupiter-Grade mit einer Beimischung des Zeichenherrschers.)

Die Übersteigerung der Merkmale des Tierkreiszeichens: der «Überwidder»; «Schiedsrichterkonstellation»: mischt sich gern ein; unbeirrbar in den eigenen Bedürfnissen und Interessen; nur mäßig beeindruckbar durch die Manipulationsversuche anderer; evtl. Neigung zu Erkrankungen der Bauchspeicheldrüse, ansonsten außergewöhnlich robuste Konstitution; sehr durchsetzungsfähig; hohe Regenerationskraft; geradlinig. Gelegentlich streitbar bis cholerisch.

13–14 Sonne/Pluto

(gilt für alle kardinalen Zeichen)

Alles bestimmen wollen. Trägt Verantwortung für andere. Hang zur Selbstausbeutung. Die Urgewalt, alles geschieht gleichzeitig. Eine Biografie voller Zäsuren. Kampf gegen das Schicksal. Geht sehr enge, ambivalente Beziehungen ein. Bestimmt von Machtthemen. Muss lernen, «loszulassen». «Der Pate». Zieht seine Fäden im Hintergrund oder lässt sich durch scheinbar hehre Ziele ausnutzen und missbrauchen. Übertreibung: Autokrat oder «nützlicher Idiot».

14–16 Venus/Mars

Distanzloses Ich-Du-Verhältnis; schnell von anderen begeistert; fühlt sich oft zu Unrecht angegriffen, «easy come, easy go»; punktuell leidenschaftlich; konfliktfähig; gierig und ungeduldig; oft starke erotische Ausstrahlung; manchmal möglicher Hinweis auf evtl. bisexuelle Tendenzen; verwechselt eigene Bedürfnisse mit denen anderer und umgekehrt; bei Frauen gesteigerte Tendenz zu Zysten, Myomen und Entzündungen der Blase sowie der Eierstöcke.

16–17 Pluto (+ Venus/Uranus)

(gilt für alle kardinalen Zeichen)

«Paranoiagrad», gilt für alle kardinalen Zeichen.

Extremes Misstrauen bei gleichzeitiger Naivität, bis hin zu Verfolgungswahn, Angstzuständen, Selbstüberschätzung und Minderwertigkeitskomplexen, orientiert sich zu sehr an anderen oder ist unzugänglich für Kritik. Liegen AS, MC oder die Spitzen fallender Häuser auf diesem Grad, ist das manchmal ein Hinweis auf Persönlichkeitsstörungen, wie z.B. Borderline-Syndrom. Übergriffe als Lebensthema, «Opfer oder Täter». Nähe-Distanz-Störungen. Leidet mit zunehmendem Alter darunter, dass selbst gesteckte Ziele nicht erreicht wurden. Geltungssüchtig.

Muss harte Arbeit und die Auseinandersetzung mit Grenzsituationen sowie Machtfragen lernen. Wenn Selbstanspruch und Wirklichkeit zur Deckung kommen, kann sich eine charismatische Führungspersönlichkeit entwickeln.

17–18 Jupiter/Saturn

(gilt für alle kardinalen Zeichen)

Interesse an sozialen Themen oder was man dafür hält; lehrt und belehrt gerne; oft Bezug zu Rechtsfragen; möchte für andere entscheiden; die Beziehung zum persönlichen Umfeld ist wichtiger als die Bindung an die Familie; unbewusste Suche nach den «Gesetzen der Philosophie»; Angst vor den eigenen Subjektivismen, möchte die eigenen Themen generalisieren; Tendenz zu chronischen Dickdarmerkrankungen im Alter.

18–19 Venus + Mars

(Alle 18er-Grade sind Venus-Grade mit einer Beimischung des Zeichenherrschers.)

Ästhet; oft hübsch; Vorliebe für Nippes; kunsthandwerkliche Begabung; bei Frauen: Gefahr, sich «zu gut» für die Männer zu sein; Prinzessin auf der Erbse, «Verbalamazone». Kommt gut bei anderen an. «Kindchenschema». Distanzlos, schnell von anderen begeistert; punktuell leidenschaftlich; konfliktfähig; gierig und ungeduldig; oft starke erotische Ausstrahlung; manchmal möglicher Hinweis auf evtl. bisexuelle Tendenzen.

19–20 Mond/Venus

(gilt für alle kardinalen Zeichen)

Hingabefähig; optimistisch; oft charmant; außergewöhnlich erotische Ausstrahlung, insbesondere bei Frauen; emotional labil, ohne dass dies der Umwelt auffallen müsste; hat von der Mutter gelernt, wie man sich nicht gibt (die Mutter als abschreckendes Beispiel); oft in großem Maße durch die Meinung anderer beeinflussbar; kann über Gefühle leicht manipuliert werden; vielfach außergewöhnlich gutmütig, was jedoch bei Missbrauch in verblüffende Aggressivität umschlagen kann; manchmal Neigung zu Passivität, indem man wichtige Entscheidungen anderen (vor allem dem Partner) überlässt.

20–21 Venus/Saturn

(gilt für alle kardinalen Zeichen)

Ehrgeizig, ausdauernd und konsequent in der Verfolgung selbst gesteckter Ziele; plant langfristig; nur das, was mühsam erarbeitet wurde, ist etwas wert; sucht die gesellschaftliche Anerkennung; im Partnerschaftsverhalten meist treu, jedoch gelegentlich etwas unterkühlt; mag sich nicht mit Banalitäten abgeben; braucht vielleicht länger als andere, um Entscheidungen zu fällen und Entschlüsse zu fassen, diese sind dann in der Regel allerdings unwiderruflich; hat meist wenig Menschenkenntnis und wird deshalb in einigen seltenen Fällen das Opfer von Hochstaplern.

21–22 Sonne/Merkur

Die Rede des Herrschers; über Taten sprechen.
Muss über seine Empfindungen reden; «Gefühlezeiger»; manchmal Hinweis auf Koordinationsstörungen aller Art; gesteigerte Tendenz zu Infektionskrankheiten, Cellulite, Ödemen; gelegentlich Hinweis auf außergewöhnliche Körperbeherrschung bis hin zu artistischen Neigungen, aber auch Handlungslähmung. Oft nah am Wasser gebaut. Will durch Anpassung dominieren. Schwer zufrieden zu stellen. Detailverliebt. Angst vor Kontrollverlust. Fühlt sich unterbewertet. Selbstbestätigung durch Leistung und Unterordnung. Abhängig von Statussymbolen. Gibt zu viel auf die Meinung anderer.

22–23 Venus/Venus

Schizophrenes Frauenbild bei Männern: entweder Heilige (Mütter und eventuell Ehefrauen) oder Huren (Sex-Partnerinnen); «Latin Lover»; schizophrenes Männerbild bei Frauen: entweder Beschützer (asexuelle Partner jeder Art) oder «Vergewaltiger»; Beziehungsunfähigkeit möglich; permanentes Nörgeln am Partner, da elementare Bedürfnisse unbefriedigt bleiben; aggressive Bindungsproblematik: will Partner, die man nicht bekommen kann – wenn man sie hat, ist das Interesse dahin; unbewusste Angst, dass es einem mit dem anderen gut gehen könnte; allgemein: Unvereinbarkeit zwischen Partnerschaft und Existenzsicherung: «Geld oder Liebe».

23–24 Merkur + Mars

(23,5 Grad kardinal: Merkur + Zeichenherrscher; allerdings wirkt der Zeichenherrscher nur sehr schwach, es handelt sich nicht um eine vollwertige Konstellation)
Häufig leptosome Erscheinung, braune Haare, wellig bis lockig; verfügt über ungewöhnliche Energiereserven; Neigung zu Konzentrationsstörungen; motorische Unruhe; «Fußwipper» und «Zappelphilipp»; oft große sprachliche Begabung; in Spannungssituationen immens gesteigerter Rededrang; braucht regelmäßige sportliche Betätigung, um physisch und psychisch gesund zu bleiben. Persönliche Entwicklung ist extrem von der Umgebung abhängig.

24–25 Saturn/Uranus

(gilt für alle kardinalen Zeichen)

Zähe, ausdauernde Konstitution; konfliktfest und belastungsfähig; «konservative Exzentrizität»; oft Hinweis auf schwierige oder verzögerte Geburt; gelegentlich Hinweis auf eine Lebensgefährdung während des ersten Lebensjahres, danach häufig Hinweis auf Langlebigkeit; fühlt sich wohl in Spannungssituationen, braucht Unruhe um sich herum, um die eigene Nervosität kontrollieren zu können; oft sehr trockene Wahrheitsliebe. Querulant oder Eigenbrötler.

25–26 Neptun/Neptun/Neptun

(gilt für alle kardinalen Zeichen)

«Neurosegrad»; Aggressionshemmung, nachtragend, Flucht in den Schlaf; völlig fantasielos als Angstschutz oder im Gegenteil überschäumend schöpferisch, um die immense Anzahl seelischer Eindrücke zu bewältigen; graue Maus oder bunter Hund; häufige Erkältungen; mediale Begabung möglich. Interesse an Medizin. Häufig Konkurrenzsituation zu Geschwistern. Übermäßig langes Abhängigkeitsverhältnis von Eltern, Lehrern und Vorgesetzten. Bittet um Hilfe, ohne Ratschläge anzunehmen.

26–27 Mars/Pluto

(26–27 Grad kardinal: Zeichenherrscher/Pluto)

Natürliche Autorität; das Bedürfnis, Verantwortung zu übernehmen; gelegentlich Anlage zu Prostataleiden bei Männern; oft kräftige Konstitution; manchmal Vorliebe für Kraftsport; «geschlechtsidealtypische Ausstrahlung»; ehrgeizig; Tendenz zur «Sheriff-Mentalität»; teilt die Welt in «gut und böse» ein; gelegentlich leicht zwanghafte Verhaltens- und Denkmuster; Eigenbrötler; robust, hohe Regenerationskraft; oft Testosteron- und Adrenalinüberschuss.

Hält an Zielvorstellungen unerbittlich fest; lässt sich nicht abwimmeln; Wahl zwischen Angst und Aggression; oft chronisch instabile Existenz; Vorliebe für Zerfallsprozesse (mag meist gerne Abbruchhäuser u. Ä.); Hang zum Morbiden; als Gegner unange-

nehm und nachtragend; «kontraphobisch»; «Bulldoggengrad»; oft charmante «Exoten» und Einzelgänger, die man nicht unterschätzen sollte; Angstbeißer; radikal aus Prinzip. Oder «Friedensengel», Ablehnung jeder Form von Aggression und Gewalttätigkeit. Wirkt dann unnatürlich «lieb».

27–28 Mond/Jupiter

(gilt für alle kardinalen Zeichen)

Ungeheure Glückserwartung an das Leben, die sich auch durch häufige Rückschläge nicht beirren lässt; chronischer Optimismus und depressive Neigungen können hier seltsame Mischungen eingehen; Protektion durch ältere Damen; oft erfolgreich; im Erfolg jedoch Gefahr, undankbar zu sein. Zu viel des Guten. Eine Nummer zu groß, Übertreibung.

28–29 Mond/Mars

(gilt für alle kardinalen Zeichen)

Ungeklärter Selbstbezug; Autoaggression; Ablehnung des Männlichen, leistungsorientiertes Empfinden. Fühlt sich schnell angegriffen. Flucht in «Arbeitswut», schnell beleidigt, kann dafür umso besser austeilen. Angst, Schwäche zu zeigen. In Belastungssituationen Neigung zu Schleimhautentzündungen. Im Extremfall: Schwankungen zwischen Panik und Aggression. Masochistische Neigungen in konstruktiver (über sich selbst hinauswachsen können) oder destruktiver Form.

Identität von Aggression und Empfinden; Konkurrenzorientierung; überdurchschnittlich ausgeprägte Neigung, sich von anderen seelisch verletzt zu fühlen. Auf alles, was als persönlicher Angriff interpretiert werden kann, reagieren die Nativen besonders empfindsam. Fähigkeit, die Schwachpunkte bei anderen zu erkennen.

Permanente Stresssituation, die es schwer macht, anderen etwas neidlos zu gönnen. Insbesondere bei Frauen Möglichkeit von Essstörungen, vor allem in der Pubertät: Luftschlucken, Magersucht, Bulimie, Fettsucht. Im Leben mehr erreichen, als dies anderen möglich ist. Dominante Mutterproblematik, erhöhte Verletzungsneigung, im Extremfall Neigung zur absichtlichen Selbstverletzung.

Stier

29–1 Venus/Mars
Ausgeprägtes Sicherheitsbedürfnis; Angst vor Besitzverlust; evtl. Flucht in parareligiöse Denksysteme; eigene Unsicherheit soll überwunden werden durch das Bekehren anderer; Fähigkeit, aus dem «Nichts» etwas zu schaffen; ausgeprägte Regenerationskraft oder -schwäche; oft Anlage zu Mittelohr- und Halsentzündungen; beginnt viel, um dann das Interesse daran zu verlieren; bei Frauen gelegentlich Disposition zu Abgängen; «Grenzgängerkonstellation»; der «Leitwolf». Massensuggestive Begabung.

1–2 Mars/Pluto, Venus/Pluto, Saturn/Pluto
Hält an Zielvorstellungen unerbittlich fest; lässt sich nicht abwimmeln; Wahl zwischen Angst und Aggression; oft chronisch instabile Existenz; Vorliebe für Zerfallsprozesse (mag meist gerne Abbruchhäuser u. Ä.); Hang zum Morbiden; als Gegner unangenehm und nachtragend; «kontraphobisch»; «Bulldoggengrad»; oft charmante «Exoten» und Einzelgänger, die man nicht unterschätzen sollte; Angstbeißer; radikal aus Prinzip. Oder «Friedensengel», Ablehnung jeder Form von Aggression und Gewalttätigkeit. Wirkt dann unnatürlich «lieb».

2–3 Sonne/Venus
(gilt für alle fixen Zeichen)
Die Liebe zum Männlichen; die Lebenslust; der künstlerische Vater; Unbekümmertheit, Bequemlichkeit, eitel, materialistisch. Interesse an Mode. Abneigung gegen anstrengende Arbeit. Künstlerische Neigungen und Fähigkeiten. Besondere Beziehung zur

Mode, zu Farben und zur Malerei. In geringerem Maße gilt dies auch für die Musik. Gesteigerte Genussfähigkeit: kaum zum Asketen und Abstinenzler geboren. Oft geselligen Naturells, viele gesellschaftlich erfolgreiche Menschen haben diese Konstellation.

Manche Misanthropen weisen diese Konstellation auf. Persönliche Enttäuschungen können dazu führen, dass der Native sich bewusst aus dem sozialen Leben zurückzieht oder gar zum Eigenbrötler wird.

Oft äußert sich diese Konstellation jedoch weitaus weniger dramatisch: Die Nativen haben lediglich ein wenig exotische Umgangsformen und bemühen sich, von der Unterstützung anderer so unabhängig wie möglich zu sein.

3–4 Venus/Venus, Venus/Pluto

(3–4 Grad fix: Plutoverbindung mit dem Zeichenherrscher, gleichzeitig doppelter Zeichenherrscher)

Bei Frauen: «Amazonenkonstellation»; gleichzeitig Hilflosigkeit als Anspruchshaltung: Es ist die Pflicht der anderen, mich zu versorgen; Angst vor gleichwertigen Beziehungen; dominiert über den Partner aus Sicherheitsbedürfnissen heraus, ist dafür seinen Existenzängsten ausgeliefert oder sucht sich überlegene Partner, die letztlich bekämpft, hintergangen, betrogen und demontiert werden. Auf diese Weise wird die unbewältigte und ungeklärte Beziehung zum gegengeschlechtlichen Elternteil nachgelebt.

Bei Männern häufig «Don Juan-Syndrom» bei gleichzeitiger chronischer Eifersucht; steckt voller innerer Widersprüche, die oft nicht benannt und artikuliert werden können: entsprechende innere Lähmung; wird aggressiv, wenn Partner in Auseinandersetzungen Erklärungen und Begründungen verlangen, da man diese meist nicht geben kann, sich aber emotional im Recht fühlt; zusätzlich: «Papageiengrad», möchte sich schillernd und bunt geben, was sich häufig in der Kleidung, insbesondere bei Frauen, niederschlägt.

4–5 Jupiter/Uranus + Mars

(gilt für alle fixen Zeichen)

Neigt dazu, die eigenen Fähigkeiten und Möglichkeiten zu überschätzen, sodass sich hier häufig Protektion und Anerkennung durch andere schnell in Ablehnung verwandeln; Tendenz, anderen ihre Freiräume zu nehmen und dadurch seelische und/oder physische Verletzungen durch «Befreiungsschläge» zu erhalten: Bei dieser Konstellation sollte man sich deshalb in ganz besonderem Maße vor Überheblichkeit und Machtmissbrauch hüten. Echte Demut eröffnet hier die Möglichkeit, auch außergewöhnliche und scheinbar aussichtslose Projekte zu verwirklichen. Scheinbescheidenheit und manipulatives Verhalten um des Erfolges willen können verheerende Folgen haben.

Im Horoskop von Uwe Barschel befand sich dieser Grad am MC.

5–6 Sonne/Jupiter

(gilt für alle fixen Zeichen)

«König sein», Körperfixierung; Identifizierung mit der eigenen physischen Attraktivität; Tendenz zu Mehrfachbeziehungen (aktiv oder passiv); manchmal materialistisch; braucht viel, um zufrieden zu sein; Neigung zum «Fettherz»; guter Chef, schlechter Mitarbeiter; überempfindlich gegen jegliche Form von Kritik; bei Männern: häufig Flucht ins Macho-Verhalten, um emotional unberührbar zu erscheinen. Wünsche und persönliche Pläne werden außergewöhnlich schnell und effektiv umgesetzt. Beginn mit viel Energie, doch fehlt es oft an Geduld und Ausdauer.

Außergewöhnliches Selbstbewusstsein; auch in ihrer Weltanschauung zukunftsorientierte Optimisten, aber auch depressive Schübe. Oft erstaunliche Weitsicht.

6–7 (Venus/Saturn)/Uranus

(6,5 Grad fix: Zeichenherrscher/Saturn und Uranus)

Überreiztes Nervensystem; Neigung zu chronischen Infektionen; Wachstumsstörungen; Erkrankungen der Geschlechtsorgane; bei Frauen: massiv gesteigerte Neigung zu Pilzerkrankungen; Tendenz, die eigenen Schwächen an anderen therapieren zu wollen;

an ungeeigneten Bindungen festhalten, bis diese von einem Augenblick zum nächsten endgültig zerbrechen; Frigidität und Impotenz können sich in dauerhaften Partnerschaften ergeben – Ventil: Zufallsbekanntschaften in Übergangssituationen; im Extremfall: psychotische Angst vor plötzlicher Armut, die sich mit wachsendem Wohlstand steigert.

7–8 Mars/Pluto

Natürliche Autorität; das Bedürfnis, Verantwortung zu übernehmen; gelegentlich Anlage zu Prostataleiden bei Männern; oft kräftige Konstitution; manchmal Vorliebe für Kraftsport; «geschlechtsidealtypische Ausstrahlung»; ehrgeizig; Tendenz zur «Sheriff-Mentalität»; teilt die Welt in «gut und böse» ein; gelegentlich leicht zwanghafte Verhaltens- und Denkmuster; evtl. Wechsel zwischen der Neigung zur Amts- und Autoritätsanmaßung und der Unterwerfung unter die Wünsche anderer; neigt dazu, in Stresssituationen gegen die eigenen Bedürfnisse zu handeln; im Extrem: autoaggressive Selbstjustiz; meist dunkler Körpertyp, insbesondere bei Männern; Neigung zu Erkrankungen der Atemorgane.

8–9 Jupiter/Uranus

(gilt für alle fixen Zeichen)

Nesthäkchen; Hans im Glück; «der Aszendent von Gustav Gans aus Entenhausen»; ist so sehr an glückliche Wendungen und unerwartete Unterstützung gewöhnt, dass die Gefahr besteht, dies als selbstverständlich zu betrachten bzw. es gar nicht mehr wahrgenommen wird – hier kommt dann jedoch «Hochmut vor dem Fall»: plötzliche Zusammenbrüche scheinbar gesicherter Optionen führen zu Ernüchterung; grundsätzlich positive Lebenseinstellung; «Stehaufmännchen», kann sich auch nach größten Niederlagen wieder erfolgreich emporarbeiten; muss lernen, die Dinge im Fluss zu lassen («free flow»), ohne dabei nachlässig und faul zu werden, da ansonsten Verlust- und Existenzängste sehr heftig Raum greifen können («stuck»).

9–10 Venus

(gilt für alle fixen Zeichen)

Leidenschaftsgrad; sinnlich und genusssüchtig; Essen als erotisches Erlebnis; ausgeprägte Fähigkeit, anderen zu gefallen. Vor allem bei Frauen: «Objekt der Begierde»; oft faul und passiv. Braucht die Gesellschaft von anderen. Oft hilfsbereit, aber auch bequem. Oft angenehme Stimme. Wirkt in irgendeiner Weise auf andere immer außergewöhnlich anziehend. Sollte beruflich auch als Selbstständiger mit einem Partner arbeiten. Sucht die große Liebe mit hohem und oft naiv- unrealistischem Anspruch. Findet deshalb oft erst spät im Leben den passenden Partner.

10–11 Uranus/Neptun

(gilt für alle fixen Zeichen)

Tendenz zu chronischer Überreizung des Nervensystems; gelegentlich Suchtproblematik; neigt zu für die Umwelt unberechenbaren Reaktionen; spontan bis distanzlos; in jedem Sinn des Wortes «zu allem fähig»; mentale Defekte ergeben sich hier genauso wie Ausnahmebegabungen, die sich meist auf wenige Bereiche beschränken.

Extremer Fantasiereichtum; Hang zum Weltfremden; in der Geschwisterfolge oft der Nachzügler; passt in kein Schema; Tagträume als Lebensersatz; manchmal depressive oder ängstliche Neigungen; in mehr als einer Hinsicht eine ungewöhnliche Persönlichkeit; «Märchenerzählerkonstellation». Sucht immer das Außergewöhnliche. Ist schnell gelangweilt, mag keine Routinearbeiten, hat Probleme, den Alltag zu bewältigen. Unlogisch und selbstverliebt. Probleme, Angefangenes zu Ende zu führen. Neigung zu Stoffwechselstörungen. Braucht, um gesund zu bleiben, sehr viel Bewegung. Hausspitze 7: überzogene Partnerschaftserwartungen, Beziehungsstörungen, Traum vom «Märchenprinzen». Eigene Schwächen auf das Gegenüber projizieren. Vom Idealismus nach Ernüchterung zu berechnendem Begegnungsverhalten. Versorgungsmentalität. Doublebind: will zum Partner aufblicken können (insbesondere Frauen), aber gleichzeitig im Mittelpunkt stehen.

11–13 Jupiter + Venus

(Alle 12er-Grade sind Jupiter-Grade mit einer Beimischung des Zeichenherrschers.)

Körperfixierung, Identifizierung mit der eigenen physischen Attraktivität; Tendenz zu Mehrfachbeziehungen (aktiv oder passiv); manchmal materialistisch; braucht viel, um zufrieden zu sein.
Beliebt, kommt gut an oder wird wegen Eitelkeit und Selbstüberschätzung abgelehnt. Sucht häufig Selbstbestätigung über die Sexualität, bis hin zu Suchtverhalten (Bill Clinton). Benötigt viele soziale Kontakte. Braucht den Partner, um erfolgreich zu sein. Bei Männern oft chronische Fremdgänger («Don Juan-Syndrom»). Bei Frauen: vom hässlichen Entlein zum Schwan, tut alles für die eigene Schönheit. Oft sehr egoistisch, kommt dann mit nachlassender/m Attraktivität bzw. Einfluss immer schlechter zurecht. Guter Lügner. Oft sozial engagiert. Geschäftssinn und Karriereplanung oder im Gegenteil in den Tag hineinleben und darauf warten, «entdeckt» zu werden. Tut alles, um geliebt zu werden, wobei Liebe oft mit Bewunderung verwechselt wird.

13–14 Neptun/Pluto

(gilt für alle fixen Zeichen)

«Grausam schlägt das Schicksal zu – heute ich und morgen du.» Hang zum Dramatischen. Oft extremes Charisma. Interesse an Esoterik und Parapsychologie. Alles bestimmen wollen. Trägt Verantwortung für andere. Hang zur Selbstausbeutung. Die Urgewalt, alles geschieht gleichzeitig. Eine Biografie voller Zäsuren. Kampf gegen das Schicksal. Geht sehr enge, ambivalente Beziehungen ein. Bestimmt von Machtthemen. Muss lernen, «loszulassen». Neigt zu Verschwörungstheorien.
Interesse an sozialen Themen oder was man dafür hält; lehrt und belehrt gerne; oft Bezug zu Rechtsfragen; möchte für andere entscheiden; die Beziehung zum persönlichen Umfeld ist wichtiger als die Bindung an die Familie; unbewusste Suche nach den «Gesetzen der Philosophie»; Angst vor den eigenen Subjektivismen, möchte die eigenen Themen generalisieren; Tendenz zu chronischen Dickdarmerkrankungen im Alter.

14–16 Venus/Pluto

Der Höhepunkt der Körperlichkeit – kann umschlagen in die Opferung der körperlichen Substanz bzw. des materiellen Bestandes; Engagement ohne «return of investment»; Masochismus, passive Leidenschaft (vgl. Mars/Pluto: aktive Leidenschaft); Prinzipien ausgeliefert sein; Eifersucht; Charisma; nur an Geld denken; «Blut und Boden»-Mentalität; Unbedingtheitsanspruch in Partnerschaften: «alles oder nichts»; fest in die Sippentradition eingebunden, ob man will oder nicht; morbide Attraktivität: die «Venusfliegenfalle».

16–17 Merkur/Pluto

(gilt für alle fixen Zeichen)

Liebt Ordnung und Eindeutigkeit; Neigung zum technischen Zeichnen; Grafiker- und Architektenkonstellation; hat oft erhebliche Schwierigkeiten im Transferdenken; muss Dinge immer mit den genau gleichen Worten erklärt bekommen; meist sehr gutes, vor allem optisches Gedächtnis (für Dinge, die interessieren); Neigung zu Zwangsvorstellungen, die jedoch in aller Regel harmlos sind; abergläubisch: wenn X nicht geklappt hat, kann Y ja auch nur schief gehen; durch Worte beeindruckbarer als andere; in seltenen Fällen Anlage zu Krebserkrankungen von Speise- und Luftröhre.

17–18 Mond/Pluto

(gilt für alle fixen Zeichen)

Ausgeprägtes emotionales Geltungsbedürfnis; Liebe durch Leistung; problematisches Verhältnis zur Mutter: deren Unerfülltheit sollte vom Kind kompensiert werden; die Mutter war eine «Hexe»; Hinweis auf psychische Erkrankung der Mutter; häufig Indiz für Gehörschäden, meist durch Mittelohrentzündung verursacht.

18–19 Venus + Venus

(Alle 18er-Grade sind Venus-Grade mit einer Beimischung des Zeichenherrschers.)

Ästhet; oft hübsch; begeisterungsfähig; oft Mangel an Ausdauer in persönlichen Partnerschaften, «Strohfeuerkonstellation»; bei Frauen: Gefahr, sich «zu gut» für die Männer zu sein; Prinzessin auf der Erbse.

19–20 Uranus/Neptun

(gilt für alle fixen Zeichen)

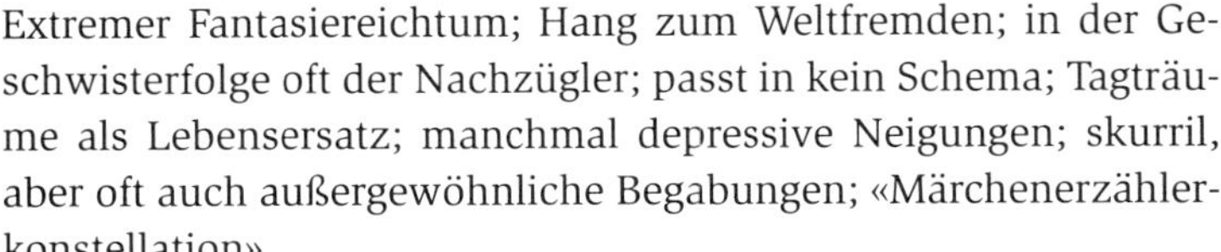

Extremer Fantasiereichtum; Hang zum Weltfremden; in der Geschwisterfolge oft der Nachzügler; passt in kein Schema; Tagträume als Lebensersatz; manchmal depressive Neigungen; skurril, aber oft auch außergewöhnliche Begabungen; «Märchenerzählerkonstellation».

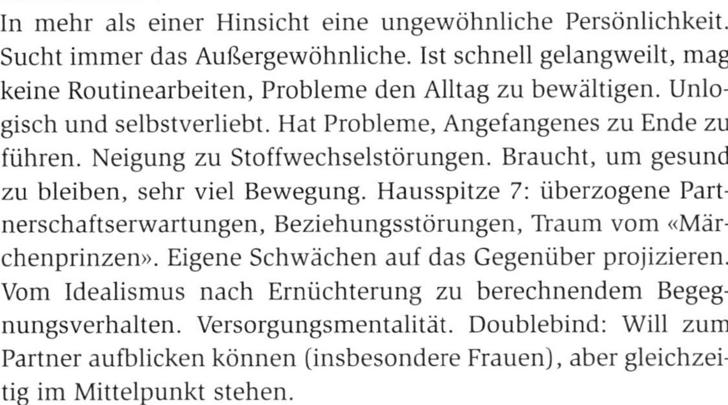

In mehr als einer Hinsicht eine ungewöhnliche Persönlichkeit. Sucht immer das Außergewöhnliche. Ist schnell gelangweilt, mag keine Routinearbeiten, Probleme den Alltag zu bewältigen. Unlogisch und selbstverliebt. Hat Probleme, Angefangenes zu Ende zu führen. Neigung zu Stoffwechselstörungen. Braucht, um gesund zu bleiben, sehr viel Bewegung. Hausspitze 7: überzogene Partnerschaftserwartungen, Beziehungsstörungen, Traum vom «Märchenprinzen». Eigene Schwächen auf das Gegenüber projizieren. Vom Idealismus nach Ernüchterung zu berechnendem Begegnungsverhalten. Versorgungsmentalität. Doublebind: Will zum Partner aufblicken können (insbesondere Frauen), aber gleichzeitig im Mittelpunkt stehen.

20–21 Venus

(gilt für alle fixen Zeichen)

Leidenschaftsgrad; sinnlich und genusssüchtig; Essen als erotisches Erlebnis; ausgeprägte Fähigkeit, anderen zu gefallen. Vor allem bei Frauen: «Objekt der Begierde»; oft faul und passiv. Braucht die Gesellschaft von anderen. Oft hilfsbereit, aber auch bequem. Oft angenehme Stimme. Wirkt in irgendeiner Weise auf andere immer außergewöhnlich anziehend. Sollte beruflich auch als Selbstständiger mit einem Partner arbeiten. Sucht die große Liebe mit hohem und oft naiv- unrealistischem Anspruch. Findet deshalb oft erst spät im Leben den passenden Partner.

21–22 Sonne/Mars

(gilt für alle fixen Zeichen)

In vielen Fällen wahre Energiebündel, eher Sprinter als Dauerläufer. Emotionale Bedürfnisse und Handlungsantrieb sind oft so

intensiv, dass sie unmittelbar in die Tat umgesetzt werden müssen. Beispiel Nahrungsaufnahme: Wenn sich Hunger einstellt, so ist dieser vielfach derart heftig, dass unverzüglich etwas gegessen werden muss, da sich sonst Schwächezustände und ähnliche unangenehme Empfindungen einstellen. Viele Sonne-Mars-Geborene sind daher auch so genannte Schlinger, die ihre Mahlzeit oft schneller vertilgen, als die Menschen in ihrer Umgebung zuschauen können.

Geduld ist ihre starke Seite nicht, und wenn sie etwas später als gewünscht bekommen, ist es oft schon fast wertlos für sie.

Ausgeliefertsein an subjektive Bedürfnisse, die nur schwer diszipliniert oder unterdrückt werden können.

Fähigkeit zu einem außerordentlich starken Engagement, wenn es darum geht, kurzfristig alle verfügbaren Energien freizusetzen.

Manchmal extreme Erschöpfungszustände, die oft mit aggressiver, depressiver oder cholerischer Überreizung gepaart sind.

22–23 Merkur/Pluto

Liebt Ordnung und Eindeutigkeit; oft Neigung zum technischen Zeichnen; Grafiker- und Architektenkonstellation; hat oft erhebliche Schwierigkeiten im Transferdenken; muss Dinge immer mit den genau gleichen Worten erklärt bekommen; meist sehr gutes, vor allem optisches Gedächtnis (für Dinge, die interessieren); Neigung zu Zwangsvorstellungen, die jedoch in aller Regel harmlos sind; abergläubisch: wenn X nicht geklappt hat, kann Y ja auch nur schief gehen; durch Worte beeindruckbarer als andere; in seltenen Fällen Anlage zu Krebserkrankungen von Speise- und Luftröhre.

23–24 Saturn/Uranus

(gilt für alle fixen Zeichen)

Fähigkeit, in widersprüchlichen Lebenssituationen zu existieren; Hinweis auf Streit, Unvereinbarkeiten oder sogar Trennungstendenzen zwischen den Eltern im Zeitraum von Schwangerschaft und Geburt; Tendenz zu nervöser Überreizung, die häufig durch Mangelerscheinungen und Funktionsstörungen im Kalzium-Magnesium-Haushalt verursacht werden; gelegentlich Silberblick; muss sehr hoch gesteckte Ziele verwirklichen, um mit sich und dem Leben wirklich zufrieden zu sein; plötzlich wechselnde Stimmungen und Standpunkte; für andere «unberechenbar»; häufig Vorliebe für Pastelltöne (rosé) und «Bonbonfarben».

24–25 Sonne/Jupiter
(gilt für alle fixen Zeichen)
«König sein», Körperfixierung; Identifizierung mit der eigenen physischen Attraktivität; Tendenz zu Mehrfachbeziehungen (aktiv oder passiv); manchmal materialistisch; braucht viel, um zufrieden zu sein; Neigung zum «Fettherz»; guter Chef, schlechter Mitarbeiter; überempfindlich gegen jegliche Form von Kritik; bei Männern: häufig Flucht ins Macho-Verhalten, um emotional unberührbar zu erscheinen. Wünsche und persönlichen Pläne werden außergewöhnlich schnell und effektiv umgesetzt. Beginn mit viel Energie, doch fehlt es oft an Geduld und Ausdauer.
Außergewöhnliches Selbstbewusstsein. Auch in ihrer Weltanschauung zukunftsorientierte Optimisten, aber auch depressive Schübe. Oft erstaunliche Weitsicht.

25–26 Mars/Saturn
(gilt für alle fixen Zeichen)
Besonderes Bedürfnis nach gesellschaftlicher Anerkennung für die eigenen Leistungen. Oft außergewöhnlich ehrgeizig. Sowohl im Beruf als auch sportlich.
Im persönlichen Umgang Durchsetzungsschwierigkeiten. Hemmung anderen allzu deutlich die eigenen Wünsche und Bedürfnisse mitzuteilen. Angst, ungewollt zu verletzen und Ablehnung zu provozieren.
Haben sie einmal »Blut geleckt«, gibt es fast nichts mehr, was sie von der Verfolgung ihres Zieles ablenken könnte.

26–27 Saturn/Pluto, (Uranus/Pluto)
(gilt für alle fixen Zeichen)
Unbeirrbar in Ziel, Überzeugung und Handeln; kann nur aus ei-

genen Fehlern lernen, da der Rat anderer nur selten ernst genommen und befolgt wird; oft konservative Einstellung; häufig Autorität, die Respekt einflößt oder gar Angst macht; Vorliebe für alle Formen von Lehrtätigkeit; Gefahr, ins Belehrende abzugleiten; bei unbefriedigender Lebenssituation wird man für Untergebene zum «Schleifer»; irrationale Ängste; braucht große Genauigkeit, um sich sicher zu fühlen; empfindet Unordnung als physische Bedrohung (auch wenn man diese selbst schafft); gelegentlich Tendenz zu Rückenleiden sowie allen Formen von Rheumatismus.

27–28 Merkur/Saturn/Uranus

(gilt für alle fixen Zeichen)

«Querulantenkonstellation», «Zappelphilipp»; alles wollen und mit nichts zufrieden sein; hypermobile Gelenke; Neigung zu Sehnenscheidenentzündungen; «stecken gebliebener Ehrgeiz».
Fähigkeit, in widersprüchlichen Lebenssituationen zu existieren; Hinweis auf Streit, Unvereinbarkeiten oder sogar Trennungstendenzen zwischen den Eltern im Zeitraum von Schwangerschaft und Geburt; Tendenz zu nervöser Überreizung, die häufig durch Mangel- und Fehlernährung noch unterstützt wird; oft «Kuhaugen»; gelegentlich Silberblick; muss sehr hoch gesteckte Ziele verwirklichen, um mit sich und dem Leben wirklich zufrieden zu sein; plötzlich wechselnde Stimmungen und Standpunkte; für andere «unberechenbar»; häufig phasenweise Vorliebe für Pastelltöne (rosé) und «Bonbonfarben». Überreiztes Nervensystem; Neigung zu chronischen Infektionen; Wachstumsstörungen; Erkrankungen des Herzens; nervöse Magenstörungen; bei Frauen: massiv gesteigerte Neigung zu Pilzerkrankungen; Tendenz, die eigenen Schwächen an anderen therapieren zu wollen; an ungeeigneten Bindungen festhalten, bis diese von einem Augenblick zum nächsten endgültig zerbrechen; Frigidität und Impotenz können sich in dauerhaften Partnerschaften ergeben – Ventil: Zufallsbekanntschaften in Übergangssituationen; im Extremfall: psychotische Angst vor dem Tod.

28–29 Merkur/Uranus/Neptun

(gilt für alle fixen Zeichen)

Extremer Fantasiereichtum; Hang zum Weltfremden; in der Geschwisterfolge oft der Nachzügler; passt in kein Schema; Tagträume als Lebensersatz; manchmal depressive oder ängstliche Neigungen; in mehr als einer Hinsicht eine ungewöhnliche Persönlichkeit. Man sucht immer das Außergewöhnliche. Ist schnell gelangweilt, mag keine Routinearbeiten, hat Probleme, den Alltag zu bewältigen. Unlogisch und selbstverliebt. Probleme, Angefangenes zu Ende zu führen. Neigung zu Stoffwechselstörungen. Braucht, um gesund zu bleiben, sehr viel Bewegung. Hausspitze 7: überzogene Partnerschaftserwartungen, Beziehungsstörungen, Traum vom «Märchenprinzen». Eigene Schwächen auf das Gegenüber projizieren. Vom Idealismus nach Ernüchterung zu berechnendem Begegnungsverhalten. Versorgungsmentalität. Doublebind: Will zum Partner aufblicken können (insbesondere Frauen), aber gleichzeitig im Mittelpunkt stehen.

Sich im selbst gestrickten Chaos verlieren, um dort zum Täter oder Opfer zu werden; Übergriffe; Handlungsvermeidung oder Fähigkeit zu Außergewöhnlichem.

Über Spitze 7: Gefahr, sich auf Affären einzulassen, die man später heftig bereut.

Zwillinge

29–1 Venus/Merkur

«Zigeunergrad»; nicht sesshaft, evtl. heimatlos, «bewegliche Wurzeln»; Existenzunsicherheit; wohnen auf Rädern; der «seelische Caravan»; braucht die Bewegung, um sich sicher zu fühlen; häufige Umzüge; manchmal Tendenz, mit seinem materiellen Besitz anzugeben: «Ich zeige, was ich habe!»; gesunder Geschäftssinn; geeignet als Handelsreisender und Verkäufer; redet gerne über Geld; wenn unbefriedigende Lebenssituation: gelegentlich Tendenz zum Hochstapeln.

1–2 Mars/Jupiter

(gilt für alle beweglichen Zeichen)

«Schiedsrichterkonstellation»: mischt sich gern ein; unbeirrbar in den eigenen Bedürfnissen und Interessen; nur mäßig beeindruckbar durch die Manipulationsversuche anderer, gleichzeitig jedoch oft Angst vor Vorgesetzten; selbst meist guter Vorgesetzter, aber schlechter Teamarbeiter; gesteigerter Drang zu Fernreisen; bei Alkoholmissbrauch starke Neigung zu Leberabszessen; evtl. Tendenz zu Erkrankungen der Bauchspeicheldrüse im Zusammenhang mit Röststoff- und Koffeinunverträglichkeit (Kaffee, Tee).

2–3 Saturn/Neptun

(gilt für alle beweglichen Zeichen)

Leberpunkt (hauptsächlich über Spitze 6); alle Formen von Nekrose bei entsprechender Disposition möglich; alle Zerfalls- und Auflösungsprozesse; Zwang, sich mit der Wahrheit auseinander zu setzen; mangelnde Wahrheitsliebe.

3–4 Sonne/Neptun
(gilt für alle beweglichen Zeichen)
Antriebsschwäche; ausgeprägte Motivationslöcher; manchmal Suchtneigung und Medikamentenmissbrauch; extreme Erschöpfungszustände nach Stresssituationen; «schläft das Wochenende durch»; fantasiearm, aber dennoch Tendenz zu Angstzuständen.

4–5 Neptun/Neptun/Neptun
(gilt für alle beweglichen Zeichen)
«Neurosegrad»; Flucht in den Schlaf; völlig fantasielos als Angstschutz oder im Gegenteil überschäumend schöpferisch, um die immense Anzahl seelischer Eindrücke zu bewältigen; graue Maus oder bunter Hund; häufige Erkältungen; mediale Begabung möglich.

5–6 Saturn/Uranus
(gilt für alle beweglichen Zeichen)
«Todesgrad»; zähe, ausdauernde Konstitution; konfliktfest und belastungsfähig; «konservative Exzentrizität»; oft Hinweis auf schwierige oder verzögerte Geburt; gelegentlich Hinweis auf eine Lebensgefährdung während des ersten Lebensjahres, danach häufig Hinweis auf Langlebigkeit.

6–7 Merkur
(gilt für alle beweglichen Zeichen)
Häufig leptosome Erscheinung, braune Haare, wellig bis lockig; verfügt über ungewöhnliche Energiereserven; Neigung zu Konzentrationsstörungen; motorische Unruhe; «Fußwipper» und «Zappelphilipp»; oft große sprachliche Begabung; braucht regelmäßige sportliche Betätigung, um physisch und psychisch gesund zu bleiben.

7–8 Venus/Jupiter
Körperfixierung; Identifizierung mit der eigenen physischen Attraktivität; Tendenz zu Mehrfachbeziehungen (aktiv oder passiv); manchmal materialistisch; braucht viel Abwechslung, um zufrieden zu sein; muss unbedingt jugendlich wirken.

Beliebt, kommt gut an oder wird wegen Eitelkeit und Selbstüberschätzung abgelehnt. Sucht häufig Selbstbestätigung über die Sexualität, bis hin zu Suchtverhalten (Bill Clinton). Benötigt viele soziale Kontakte. Braucht den Partner, um erfolgreich zu sein. Bei Männern oft chronische Fremdgänger («Don Juan-Syndrom»). Bei Frauen: vom hässlichen Entlein zum Schwan, tut alles für die eigene Schönheit. Oft sehr egoistisch, kommt dann mit nachlassender/m Attraktivität bzw. Einfluss immer schlechter zurecht. Guter Lügner. Oft sozial engagiert. Geschäftssinn und Karriereplanung oder im Gegenteil in den Tag hineinleben und darauf warten, «entdeckt» zu werden. Tut alles, um geliebt zu werden, wobei Liebe oft mit Bewunderung verwechselt wird.

8–9 Sonne/Merkur

(8,5 Grad beweglich: Zeichenherrscher/Sonne)

Die Rede des Herrschers; über Taten sprechen.

Muss über seine Empfindungen reden; «Gefühlezeiger»; manchmal Hinweis auf Koordinationsstörungen aller Art; gesteigerte Tendenz zu Infektionskrankheiten, Cellulite, Ödemen; gelegentlich Hinweis auf außergewöhnliche Körperbeherrschung bis hin zu artistischen Neigungen, aber auch Handlungslähmung. Oft nah am Wasser gebaut. Will durch Anpassung dominieren. Schwer zufrieden zu stellen. Detailverliebt. Angst vor Kontrollverlust. Fühlt sich unterbewertet. Selbstbestätigung durch Leistung und Unterordnung. Abhängig von Statussymbolen. Gibt zu viel auf die Meinung anderer.

9–10 Venus/Neptun

(gilt für alle beweglichen Zeichen)

Nierenschwäche; Romantiker; künstlerische Begabung; Abgrenzungsprobleme; Aufforderung, ausgenutzt zu werden, insbesondere bei Frauen; Hingabeangst, daher Tendenz zu «illegalen» Liebschaften (verheiratete Partner etc.). Gefahr Opfer von «Heiratsschwindlern» zu werden. Durch Fehleinschätzungen von Partnern und Freunden, wachsende Enttäuschung und Misstrauen.

10–11 Mond/Venus

(gilt für alle kardinalen und beweglichen Zeichen)

Hingabefähig; optimistisch; oft charmant; außergewöhnlich erotische Ausstrahlung, insbesondere bei Frauen; emotional labil, ohne dass dies der Umwelt auffallen müsste; hat von der Mutter gelernt, wie man sich nicht gibt (die Mutter als abschreckendes Beispiel); oft in großem Maße durch die Meinung anderer beeinflussbar; kann über Gefühle leicht manipuliert werden; vielfach außergewöhnlich gutmütig, was jedoch bei Missbrauch in verblüffende Aggressivität umschlagen kann; manchmal Neigung zu Passivität, indem man wichtige Entscheidungen anderen (vor allem dem Partner) überlässt.

11–13 Jupiter + Merkur

(Alle 12er-Grade sind Jupiter-Grade mit einer Beimischung des Zeichenherrschers.)

Die «Überzwillinge»; körperlich oder seelisch immer in Bewegung sein müssen; «der ewige Jüngling» bzw. «das ewige Mädchen»; sympathische Oberflächlichkeit; großzügig, wenn die persönlichen Freiräume nicht eingeschränkt werden. Hang zum Bildungsbereich, Lehrer, Jura, Journalist, Fotograf.

Fähigkeit, analytisches und synthetisches Denken zusammenzubringen; Interesse an Rechtsfragen, Journalismus oder Religion; reiselustig; Begabung zum Schreiben; liebt das Pathos; Anerkennung durch Rede und Schrift.

13–14 Sonne/Mars

(gilt für alle fallenden Zeichen)

In vielen Fällen wahre Energiebündel, eher Sprinter als Dauerläufer. Emotionale Bedürfnisse und Handlungsantrieb sind oft so intensiv, dass sie unmittelbar in die Tat umgesetzt werden müssen. Beispiel Nahrungsaufnahme: Wenn sich Hunger einstellt, so ist dieser vielfach derart heftig, dass unverzüglich etwas gegessen werden muss, da sich sonst Schwächezustände und ähnliche unangenehme Empfindungen einstellen. Viele Sonne-Mars-Geborene sind daher auch so genannte Schlinger, die ihre Mahlzeit oft schneller vertilgen, als die Menschen in ihrer Umgebung zuschauen können.

Geduld ist ihre starke Seite nicht, und wenn sie etwas später als gewünscht bekommen, ist es oft schon fast wertlos für sie.

Ausgeliefertsein an subjektive Bedürfnisse, die nur schwer diszipliniert oder unterdrückt werden können.

Fähigkeit zu einem außerordentlich starken Engagement, wenn es darum geht, kurzfristig alle verfügbaren Energien freizusetzen.

Manchmal extreme Erschöpfungszustände, die oft mit aggressiver, depressiver oder cholerischer Überreizung gepaart sind.

14–16 Merkur/Jupiter

Kann viel reden, ohne etwas zu sagen; Fähigkeit, analytisches und synthetisches Denken zusammenzubringen; «geistige Blähungen», redet manchmal, ohne etwas zu sagen; Tendenz zum Schwafeln; Interesse an Rechtsfragen, Philosophie oder Religion; reiselustig; Begabung zum Schreiben; liebt das Pathos; Anerkennung durch Rede und Schrift; Stoffwechselstörungen im Darmbereich (besonders Zwillinge: Enzymstörungen im Dünndarmbereich). Klosterschule. Besonderer Bezug zur Verwandtschaft. Verbreitet und kopiert Informationen.

16–17 Sonne/Pluto

(gilt für alle beweglichen Zeichen)

Alles bestimmen wollen. Trägt Verantwortung für andere. Hang zur Selbstausbeutung. Die Urgewalt, alles geschieht gleichzeitig. Eine Biografie voller Zäsuren. Kampf gegen das Schicksal. Geht sehr enge, ambivalente Beziehungen ein. Bestimmt von Machtthemen. Muss lernen, «loszulassen». «Der Pate». Zieht seine Fäden im Hintergrund oder lässt sich durch scheinbar hehre Ziele ausnutzen und missbrauchen.

17–18 Sonne/Merkur

(gilt für alle beweglichen Zeichen)

Muss über seine Empfindungen reden; «Gefühlezeiger»; manchmal Hinweis auf Koordinationsstörungen aller Art; gesteigerte Tendenz zu Infektionskrankheiten, Cellulite, Ödemen; gelegentlich Hinweis auf außergewöhnliche Körperbeherrschung bis hin zu artistischen Neigungen, aber auch Handlungslähmung. Oft nah am Wasser gebaut. Will durch Anpassung dominieren. Schwer zufrieden zu stellen. Detailverliebt. Angst vor Kontrollverlust. Fühlt sich unterbewertet. Selbstbestätigung durch Leistung und Unterordnung. Abhängig von Statussymbolen. Gibt zu viel auf die Meinung anderer.

18–19 Venus + Merkur

(Alle 18er-Grade sind Venus-Grade mit einer Beimischung des Zeichenherrschers.)

Unruhig; braucht die Bewegung, um sich sicher zu fühlen; häufige Umzüge oder ersatzweise Umgestalten der Wohnung; manchmal Tendenz, mit seinem materiellen Besitz anzugeben: «Ich zeige, was ich habe!»; gesunder Geschäftssinn; geeignet als Handelsreisender und Verkäufer; redet gerne über Geld; wenn unbefriedigende Lebenssituation: gelegentlich Tendenz zum Hochstapeln; Ästhet; Sprachbegabung; Konfliktangst; Scheinharmoniker; «die schützende Oberflächlichkeit».

19–20 Saturn/Pluto

(gilt für alle beweglichen Zeichen)

Konsequent in Ziel, Überzeugung und Handeln; kann nur aus eigenen Fehlern lernen, da der Rat anderer nur selten ernst genommen und befolgt wird; oft konservative Einstellung; häufig Autorität, die Respekt einflößt oder gar Angst macht; Vorliebe für alle Formen von Lehrtätigkeit; Gefahr, ins Belehrende abzugleiten; bei unbefriedigender Lebenssituation wird man für Untergebene zum «Schleifer»; irrationale Ängste, braucht große Genauigkeit, um sich sicher zu fühlen; empfindet Unordnung als physische Bedrohung (auch wenn diese selbst geschaffen wurde); extremer Gerechtigkeitssinn; lehnt Subjektivität ab

Verbale Aggression; Schnelldenker; intellektuelle Ungeduld; «Halbstarkenkonstellation»; neigt zu Entzündungen der Gelenke und Bronchien; starker Bewegungsdrang; «die chronische Pubertät».

20–21 Merkur/Mars

(gilt für alle beweglichen Zeichen)

Verbale Aggression; Schnelldenker; intellektuelle Ungeduld; «Halbstarkenkonstellation»; neigt zu Entzündungen der Gelenke und Bronchien; starker Bewegungsdrang; «die chronische Pubertät».

21–22 Mond/Sonne

(gilt für alle beweglichen Zeichen)

Diese Konstellation ist ein recht sicheres Zeichen für eine gewisse Naivität, die sich in einem eigentümlichen Urvertrauen in die Menschen und das Leben äußert. Dies weckt günstigenfalls die Beschützerinstinkte von Angehörigen und Freunden, die fürchten, dass die Nativen mit ihrer «Weltfremdheit» unter die Räder kommen könnten.

Tatsächlich begeben sich viele mit dieser Konstellation an einer Hauptachse vor allem in jungen Jahren gelegentlich in haarsträubend gefährliche Situationen. Allerdings geschieht dabei in den seltensten Fällen ein Unglück. So eigentümlich die Geborenen an das Leben und seine Herausforderungen heranzugehen scheinen, wäre es ein großer Fehler, sie zu unterschätzen. Der Erfolg gibt ihren unkonventionellen Vorgehensweisen nur allzu oft Recht.

Ausgesprochen gefühlsintensiv; heftige Emotionen; muss diese ausleben, um sich wohl und gesund zu fühlen. Drang nach körperlicher, sportlicher Betätigung. Opfer eigener Stimmungsschwankungen. «Saisonarbeiter»: Wenn sie von einer Idee begeistert sind, können sie über Wochen und Monate sehr hart arbeiten und mit einem Minimum an Schlaf auskommen. In Phasen von Mutlosigkeit mag ihnen dann allerdings umgekehrt die kleinste Anstrengung zu viel sein.

Unmöglich, sich ihrer Ausstrahlung und ihren Stimmungen zu entziehen. Gelegentlich geht ihnen die Gefühlsachterbahn ihres Lebens selber ein wenig auf die Nerven.

22–23 Mond/Jupiter

Ungeheure Glückserwartung an das Leben, die sich auch durch häufige Rückschläge nicht beirren lässt; chronischer Optimismus und depressive Neigungen können hier seltsame Mischungen eingehen; Protektion durch ältere Damen; oft erfolgreich; im Erfolg jedoch Gefahr, undankbar zu sein. «Der verzweifelte Komiker». Dennoch Chance zu besonderer Popularität und Erfolg. Depressiver, melancholischer und nachtragender Mensch, der dennoch häufig um seine eigene Persönlichkeitsentwicklung kämpft (Beispiele: Hermann Hesse, Ephraim Kishon). Intensives Verhältnis zur Mutter, das jedoch keineswegs positiv sein muss.

23–24 Uranus/Pluto, Jupiter/Neptun
(gilt für alle beweglichen Zeichen)
«Ufo-Grad»; hebt geistig ab; dem Außergewöhnlichen und Exzentrischen intellektuell zugetan; lässt sich durch die Beeinflussungsversuche anderer nicht irritieren; Neigung zum Absurden, Wirklichkeitsfernen; Orientierungsschwäche; manchmal Konzentrationsstörungen, verliert gerne den Faden; «das Verfertigen der Gedanken beim Reden»; beschäftigt sich gern mit juristischen oder didaktischen Fragen (Jurist, Lehrer); gut im Unterrichten, selbst aber nur schwer belehrbar; er schenkt den Angelegenheiten anderer die größte Aufmerksamkeit, mit denen er selbst Schwierigkeiten hat.
Die Auswirkungen sind auf der Jungfrau/Fische-Achse meist weniger dramatisch als auf der Zwillinge/Schütze-Achse. Neigung zu Neurodermitis.

24–25 Jupiter/Pluto + Merkur
(24,5 Grad beweglich: Jupiter/Pluto + Zeichenherrscher)
Selbstüberschätzung, häufigere Umzüge, seelische Selbstüberschätzung, Größenfantasien. Oft Interesse an Medizin und anderen statusbesetzten Berufen. Wirkt jugendlich, aber asexuell oder erlebt sich so.
Autistoide Neigungen: intensive zwischenmenschliche Kontakte, von denen man jedoch emotional relativ unberührt bleibt; ausgesprochen ambivalente, aber ausgeprägte Mutterbindung; hochfliegende Pläne, die mit großem persönlichen Einsatz verfolgt werden; Anfälle von Sinnlosigkeitsempfinden werden durch ner-

vale Überpeitschung vermieden (Stress als Droge); kann für die Verwirklichung persönlicher Interessen «über Leichen gehen»; oft Hinweis auf offene oder latente Homo- bzw. Bisexualität.

25–26 Merkur/Uranus (+ Pluto), Saturn/Uranus
(gilt für alle beweglichen Zeichen)
«Todesgrad», Fähigkeit, in widersprüchlichen Lebenssituationen zu existieren; Hinweis auf Streit, Unvereinbarkeiten oder sogar Trennungstendenzen zwischen den Eltern im Zeitraum von Schwangerschaft und Geburt; Tendenz zu nervöser Überreizung, die häufig durch Mangel- und Fehlernährung noch unterstützt wird; oft «Kuhaugen»; gelegentlich Silberblick; muss sehr hoch gesteckte Ziele verwirklichen, um mit sich und dem Leben wirklich zufrieden zu sein; plötzlich wechselnde Stimmungen und Standpunkte; für andere «unberechenbar»; häufig phasenweise Vorliebe für Pastelltöne (rosé) und «Bonbonfarben». Überreiztes Nervensystem; Neigung zu chronischen Infektionen; Wachstumsstörungen; Erkrankungen des Herzens; nervöse Magenstörungen; bei Frauen: massiv gesteigerte Neigung zu Pilzerkrankungen; Tendenz, die eigenen Schwächen an anderen therapieren zu wollen; an ungeeigneten Bindungen festhalten, bis diese von einem Augenblick zum nächsten endgültig zerbrechen; Frigidität und Impotenz können sich in dauerhaften Partnerschaften ergeben – Ventil: Zufallsbekanntschaften in Übergangssituationen; im Extremfall: psychotische Angst vor dem Tod.

26–27 Merkur/Neptun
(26,5 Grad beweglich: Neptun und Zeichenherrscher)
Schwächezustände aller Art; Überreaktion auf Medikamente; verträgt keine Konservierungsmittel; Asthma; allergische Erkrankungen der Atemwege; Sauerstoffmangel bei der Geburt, im Extrem: «grün und blau geboren»; visionäres Denken, Probleme mit der Umsetzung; «intellektuelles Chamäleon»: kann die eigenen Ansichten gut verstecken; kann unbewusst auf andere so wirken, wie er gesehen werden möchte.

27–28 Mars/Saturn

(gilt für alle beweglichen Zeichen)

Besonderes Bedürfnis nach gesellschaftlicher Anerkennung der eigenen Leistungen. Oft außergewöhnlich ehrgeizig, sowohl im Beruf als auch sportlich.

Im persönlichen Umgang Durchsetzungsschwierigkeiten vorhanden. Hemmung, anderen allzu deutlich die eigenen Wünsche und Bedürfnisse mitzuteilen. Angst, ungewollt zu verletzen und Ablehnung zu provozieren.

Haben sie einmal «Blut geleckt», gibt es fast nichts, was sie von der Verfolgung ihres Zieles ablenken könnte.

28–29 Neptun/Neptun

(gilt für alle beweglichen Zeichen)

Nicht robust genug für dieses Leben; Flucht in Traum- und Fantasiewelten; manchmal psychische Gefährdung; oft massive Stoffwechselstörungen (Akne); widersprüchliche Persönlichkeitszüge, insbesondere im Erotischen: Vorliebe für «Machos» aller Art bei gleichzeitiger Ablehnung alles Männlichen (Emanzipationsanspruch) – für Männer gilt sinngemäß das Gleiche; Tendenz zu reden, ohne etwas zu sagen.

Spitze 6: Nahrungsmittelallergien, Vergiftungen, Überempfindlichkeit, Hypochondrie.

Krebs

29–1 Mond/Merkur

Diese Konstellation ist ein recht sicheres Zeichen für eine gewisse Naivität, die sich in einem eigentümlichen Urvertrauen in die Menschen und das Leben äußert. Dies weckt günstigenfalls die Beschützerinstinkte von Angehörigen und Freunden, die fürchten, dass die Nativen mit ihrer «Weltfremdheit» unter die Räder kommen könnten.

Tatsächlich begeben sich viele mit dieser Konstellation an einer Hauptachse vor allem in jungen Jahren gelegentlich in haarsträubend gefährliche Situationen. Allerdings geschieht dabei in den seltensten Fällen ein Unglück. So eigentümlich die Geborenen an das Leben und seine Herausforderungen heranzugehen scheinen, wäre es ein großer Fehler, sie zu unterschätzen. Der Erfolg gibt ihren unkonventionellen Vorgehensweisen nur allzu oft Recht.

Ausgesprochen gefühlsintensiv, heftige Emotionen; muss diese ausleben, um sich wohl und gesund zu fühlen. Drang nach körperlicher, sportlicher Betätigung. Opfer eigener Stimmungsschwankungen. «Saisonarbeiter»: Wenn sie von einer Idee begeistert sind, können sie über Wochen und Monate sehr hart arbeiten und mit einem Minimum an Schlaf auskommen. In Phasen von Mutlosigkeit mag ihnen dann allerdings die kleinste Anstrengung zu viel sein.

Unmöglich, sich ihrer Ausstrahlung und ihren Stimmungen zu entziehen. Gelegentlich geht ihnen die Gefühlsachterbahn ihres Lebens selber ein wenig auf die Nerven.

Denkt und spricht stark emotional gefärbt; «die verbalisierte Mutterproblematik»; oft Menschen mit einer unbewältigten Mutterbeziehung und entsprechend geschädigtem Urvertrauen; fühlt sich schnell benachteiligt und allein gelassen; oft Menschen, die gerne Tagebuch führen; gelegentlich außergewöhnliche Überzeugungskraft; überragendes Bedürfnis nach Geborgenheit bei gleichzeitiger motorischer Unruhe.

1–2 Mond/Uranus, Venus/Mars
(gilt für alle kardinalen Zeichen)
Emotional unberechenbar und leidenschaftlich; kontaktfreudig bis distanzlos; Tendenz zum Manisch-Depressiven; Schwankungen zwischen Lähmung und Überaktivität; manchmal Schilddrüsendysfunktion; konfliktfreudig, Sehnsucht nach permanenter Verliebtheit; oft Schwierigkeiten, zu einer geordneten Lebensweise zu finden; wenn andere Horoskopfaktoren dies bestätigen, können sich anorektische (magersuchtartige) Essstörungen ergeben; Neigung zum Raubbau an den eigenen Reserven, daher u. a. erhöhte Erkältungsanfälligkeit.

Spitze 10: im Beruf und in der allgemeinen Lebensführung Hin- und Hergerissensein, sich nicht entscheiden können.

2–3 Mond/Mars
(gilt für alle kardinalen Zeichen)
Ungeklärter Selbstbezug; Autoaggression; Ablehnung des Männlichen, leistungsorientiertes Empfinden. Fühlt sich schnell angegriffen. Flucht in «Arbeitswut», schnell beleidigt, kann dafür umso besser austeilen. Angst, Schwäche zu zeigen. In Belastungssituationen Neigung zu Schleimhautentzündungen. Im Extremfall: Schwankungen zwischen Panik und Aggression. Masochistische Neigungen in konstruktiver (über sich selbst hinauswachsen können) oder destruktiver Form.
Identität von Aggression und Empfinden; Konkurrenzorientierung; überdurchschnittlich ausgeprägte Neigung, sich von anderen seelisch verletzt zu fühlen. Auf alles, was als persönlicher Angriff interpretiert werden kann, reagieren die Nativen beson-

ders empfindsam. Fähigkeit, die Schwachpunkte bei anderen zu erkennen.
Permanente Stresssituation, die es schwer macht, anderen etwas neidlos zu gönnen. Insbesondere bei Frauen Möglichkeit von Essstörungen, vor allem in der Pubertät: Luftschlucken, Magersucht, Bulimie, Fettsucht. Im Leben mehr erreichen, als dies anderen möglich ist. Dominante Mutterproblematik, erhöhte Verletzungsneigung, im Extremfall Neigung zur absichtlichen Selbstverletzung.

3–4 Mond/Neptun

(gilt für alle kardinalen Zeichen)
Seelische Betäubung, Wahrnehmungsverzerrung, bzw. -betäubung. Extrem sensibilisierte Wahrnehmung. Vorgänge und Ereignisse vorausahnen, Intuition, Glücksspieler und Spekulant. Ausgeprägtes Wunschdenken.
Unpraktisch erscheinen. Romantiker, Stimmungen und Ansichten, die für persönliche Umwelt manchmal schwer nachvollziehbar sind. Sich mit künstlerischen Dingen, insbesondere der Malerei, beschäftigen. Empfindliches Nerven- und Lymphsystem. Neigung zu Hormonstörungen, vor allem Östrogenüberschuss oder -mangel.

4–5 Mond/Uranus + Neptunfärbung (Saturn/Uranus)

(4,5 Grad kardinal: Zeichenherrscher/Uranus + Neptunfärbung)
Durchsetzungsschwäche (besonders bei Frauen); wider Willen «lieb» sein müssen mit entsprechender Ausrastungs-/Aggressions-Problematik; ausgeprägte innere Unruhe; Neigung zu diffusen Ängsten; insbesondere bei Männern gesteigerte Neigung zur Promiskuität; bei Mineralmangel deutliche Krampfneigung; Tendenz zu Neuralgien; übererregbar; Anlage zu allen Formen von Nervenerkrankungen; Entscheidungsschwäche; häufig jugendliche Erscheinung; «schlägt den Sack und meint den Esel»; bei Frauen: gespaltenes Verhältnis zum Männlichen; oft Hassliebe zum Vater.

5–6 Venus/Jupiter

(gilt für alle kardinalen Zeichen)

Beliebt, kommt gut an oder wird wegen Eitelkeit und Selbstüberschätzung abgelehnt. Sucht häufig Selbstbestätigung über die Sexualität, bis hin zum Suchtverhalten (Bill Clinton). Benötigt viele soziale Kontakte. Braucht den Partner, um erfolgreich zu sein. Bei Männern oft chronische Fremdgänger («Don Juan-Syndrom»). Bei Frauen: vom hässlichen Entlein zum Schwan, tut alles für die eigene Schönheit. Oft sehr egoistisch, kommt dann mit nachlassender/m Attraktivität bzw. Einfluss immer schlechter zurecht. Guter Lügner. Oft sozial engagiert. Geschäftssinn und Karriereplanung oder im Gegenteil in den Tag hineinleben und darauf warten, «entdeckt» zu werden. Tut alles, um geliebt zu werden, wobei Liebe oft mit Bewunderung verwechselt wird.

6–7 Jupiter/Pluto + Mond

(6,5 Grad kardinal: Jupiter/Pluto + Zeichenherrscher)

Autistoide Neigungen: intensive zwischenmenschliche Kontakte, von denen man jedoch emotional relativ unberührt bleibt; ausgesprochen ambivalente, aber ausgeprägte Mutterbindung; hochfliegende Pläne, die mit großem persönlichen Einsatz verfolgt werden; Anfälle von Sinnlosigkeitsempfinden werden durch nervale Überpeitschung vermieden (Stress als Droge); kann für die Verwirklichung emotionaler Bedürfnisse «über Leichen gehen»; oft Hinweis auf offene oder latente Homo- bzw. Bisexualität.

7–8 Merkur/Saturn

Flucht ins Intellektualisierende; wurde in der Kindheit viel allein gelassen; als Erwachsener geboren, altklug; möchte für sein Wissen und Können geliebt werden; unflexibel im Denken; Bedürfnis nach Ordnung und Klarheit; langsam und gründlich.

8–9 Mond/Merkur

(gilt für alle kardinalen Zeichen)

Muss reden oder schreiben, um sich emotional zu stabilisieren; das Kind einer konfliktscheuen und/oder nicht greifbaren Mutter; die Mitteilsamkeit steigt mit dem Grad der inneren Anspannung;

muss seine Gefühle verbalisieren, um sie zu verstehen; im Extremfall: «Plaudertasche»; meint es immer nur gut und kann gerade dadurch anderen auf die Nerven gehen; Angst, sich emotional festzulegen, da die Folgen nicht überschaubar sind; oft schauspielerisches oder allgemein künstlerisches Talent; gelegentlich Neigung zu Hysterie und Hypochondrie; übernahm in der Geschwisterfolge oft die Rolle des «braven Kindes», die man dann ein Leben lang (durchaus erfolgreich) abzuschütteln sucht.

9–10 Venus/Mondknoten

(gilt für alle kardinalen Zeichen)

Kontaktathlet, kann sehr schnell Nähe zu anderen herstellen, die sich oft jedoch nicht bewährt bzw. zu komplizierten oder gar tragischen Verwicklungen führt. Erhöhte Suchtgefährdung. Macht sich das Leben unnötig kompliziert. Tendenz zu «schicksalhaften» Begegnungen. Kontakte zu Freunden und Partnern sind von außerordentlicher Wichtigkeit. Flucht in die Oberflächlichkeit als Risiko. Verführt durch Luxus und Statussymbole.

10–11 Mond/Venus

(gilt für alle kardinalen und beweglichen Zeichen)

Hingabefähig; optimistisch; oft charmant; außergewöhnlich erotische Ausstrahlung, insbesondere bei Frauen; emotional labil, ohne dass dies der Umwelt auffallen müsste; hat von der Mutter gelernt, wie man sich nicht gibt (die Mutter als abschreckendes Beispiel); oft in großem Maße durch die Meinung anderer beeinflussbar; kann über Gefühle leicht manipuliert werden; vielfach außergewöhnlich gutmütig, was jedoch bei Missbrauch in verblüffende Aggressivität umschlagen kann; manchmal Neigung zu Passivität, indem man wichtige Entscheidungen anderen (vor allem dem Partner) überlässt.

11–13 Jupiter + Mond

(Alle 12er-Grade sind Jupiter-Grade mit einer Beimischung des Zeichenherrschers.)

Die Übersteigerung der Merkmale des Tierkreiszeichens: der «Überkrebs»; extrem wechselhafte Triebstruktur (das Steak zum

Frühstück, das Müsli zu Mittag); seelisches Wohlbefinden ist abhängig von emotionaler Geborgenheit; manchmal überschäumende Kreativität und entsprechende Schlampigkeit.
Ungeheure Glückserwartung an das Leben, die sich auch durch häufige Rückschläge nicht beirren lässt; chronischer Optimismus und depressive Neigungen können hier seltsame Melangen eingehen; Protektion durch ältere Damen; oft erfolgreich; im Erfolg jedoch Gefahr, undankbar zu sein.
Einer der interessantesten Bereiche des Tierkreises: Hier findet sich der hellste Fixstern (Sirius); «Einsteingrad»: Hier lag Einsteins Aszendent. Einsteins Erscheinung. Persönlichkeit, Chaotik und intellektuelle Eigenständigkeit sind praktisch ein vollständiger Spiegel dieses Grades. Natürlich gibt es auch dumme, ordentliche und sehr konventionelle Menschen mit diesem Aszendent-Grad.

13–14 Sonne/Pluto

(gilt für alle kardinalen Zeichen)

Alles bestimmen wollen. Trägt Verantwortung für andere. Hang zur Selbstausbeutung. Die Urgewalt, alles geschieht gleichzeitig. Eine Biografie voller Zäsuren. Kampf gegen das Schicksal. Geht sehr enge, ambivalente Beziehungen ein. Bestimmt von Machtthemen. Muss lernen, «loszulassen». «Der Pate». Zieht seine Fäden im Hintergrund oder lässt sich durch scheinbar hehre Ziele ausnutzen und missbrauchen.
Schwächezustände aller Art; Überreaktion auf Medikamente; verträgt keine Konservierungsmittel; Asthma; allergische Erkrankungen des Darms; Sauerstoffmangel bei der Geburt; im Extrem: «grün und blau geboren»; «emotionales Chamäleon»: kann die eigenen Gefühle gut verstecken; kann unbewusst auf andere so wirken, wie er gerne gesehen werden möchte.

14–16 Mond /Saturn

Depressive Veranlagung; emotionale Selbstdisziplin und Ehrgeiz; die ehrgeizige Mutter; gefühlsbeständig; Tendenz zur Untersäuerung des Magens; liebt die Abgrenzung und Zurückweisung; Geborgenheit durch Abweisung; massiv erhöhter Flüssigkeitsbedarf.

Identität von Selbstdisziplin und Empfinden, von Konzentration und Emotion. In Gefühlsdingen auf Wesentliches zu konzentrieren, Abneigung gegen alles Oberflächliche. Sich zurückziehen und kaum das Risiko eingehen, ein zweites Mal verletzt zu werden. Potenzielle Freundschaften können so in die Brüche gehen, bevor sie überhaupt begonnen haben. Manche haben allerdings gelernt, dass jeder die Chance einer Erklärung oder Entschuldigung erhalten sollte, bevor er endgültig geschasst wird. Vor allen Dingen haben sie jedoch erkannt, dass sie sich mit emotionaler Ausgrenzung mehr schaden, als sie sich vor seelischen Verletzungen schützen.

Fähigkeit, sich in Gefühlsdingen außergewöhnlich zu konzentrieren.

Emotionale Enttäuschungen führen bei dieser Konstellation häufig zu Depressionen, nicht zuletzt deshalb, weil sich die Nativen schlechter aus seelischen Bindungen lösen können als andere. Um derartige Krisen zu vermeiden, ist allerdings nicht der Rückzug aus Freundschaften und sozialen Kontakten der richtige Weg, sondern ein starkes Engagement in der Öffentlichkeit und im Beruf.

16–17 Pluto (+ Venus/Uranus)

(gilt für alle kardinalen Zeichen)

«Paranoiagrad». Extremes Misstrauen bei gleichzeitiger Naivität, bis hin zu Verfolgungswahn, Angstzuständen, Selbstüberschätzung und Minderwertigkeitskomplexen, orientiert sich zu sehr an anderen oder ist unzugänglich für Kritik. Liegen die Spitzen fallender Häuser auf diesem Grad, ist das manchmal ein Hinweis auf Persönlichkeitsstörungen, wie z.B. Borderline-Syndrom. Übergriffe als Lebensthema, «Opfer oder Täter». Nähe-Distanz-Störungen. Leidet mit zunehmendem Alter darunter, dass selbst gesteckte Ziele nicht erreicht wurden. Geltungssüchtig.

Muss harte Arbeit und die Auseinandersetzung mit Grenzsituationen sowie Machtfragen lernen. Wenn Selbstanspruch und Wirklichkeit zur Deckung kommen, kann sich eine charismatische Führungspersönlichkeit entwickeln.

17–18 Jupiter/Saturn

(gilt für alle kardinalen Zeichen)

Interesse an sozialen Themen oder was man dafür hält; lehrt und belehrt gerne; oft Bezug zu Rechtsfragen; möchte für andere entscheiden; die Beziehung zum persönlichen Umfeld ist wichtiger als die Bindung an die Familie; unbewusste Suche nach den «Gesetzen der Philosophie»; Angst vor den eigenen Subjektivismen, möchte die eigenen Themen generalisieren; Tendenz zu chronischen Dickdarmerkrankungen im Alter.

Muss über seine Empfindungen reden; gesteigerte Tendenz zu chronischen (Leber-)Erkrankungen, Angst vor Kontrollverlust. Fühlt sich unterbewertet. Selbstbestätigung durch Leistung und Unterordnung. Gibt zu viel auf die Meinung anderer.

18–19 Venus + Mond

(Alle 18er-Grade sind Venus-Grade mit einer Beimischung des Zeichenherrschers.)

Hingabefähig; emotional manipulierbar; glaubt an das Gute im Menschen; wirkt manchmal naiv; kann andere intuitiv durchschauen; Ästhet; oft hübsch; Vorliebe für Nippes; kunsthandwerkliche Begabung; bei Frauen: Gefahr, sich «zu gut» für die Männer zu sein; Prinzessin auf der Erbse; «Seelchengrad» .

19–20 Mond/Venus

(gilt für alle kardinalen Zeichen)

Hingabefähig; optimistisch; oft charmant; außergewöhnlich erotische Ausstrahlung, insbesondere bei Frauen; emotional labil, ohne dass dies der Umwelt auffallen müsste; hat von der Mutter gelernt, wie man sich nicht gibt (die Mutter als abschreckendes Beispiel); oft in großem Maße durch die Meinung anderer beeinflussbar; kann über Gefühle leicht manipuliert werden; vielfach außergewöhnlich gutmütig, was jedoch bei Missbrauch in verblüffende Aggressivität umschlagen kann; manchmal Neigung zu Passivität, indem man wichtige Entscheidungen anderen (vor allem dem Partner) überlässt.

20–21 Venus/Saturn

(gilt für alle kardinalen Zeichen)

Ehrgeizig, ausdauernd und konsequent in der Verfolgung selbst gesteckter Ziele; plant langfristig; nur das, was mühsam erarbeitet wurde, ist etwas wert; sucht die gesellschaftliche Anerkennung; im Partnerschaftsverhalten meist treu, jedoch gelegentlich etwas unterkühlt; mag sich nicht mit Banalitäten abgeben; braucht vielleicht länger als andere, um Entscheidungen zu fällen und Entschlüsse zu fassen, diese sind dann in der Regel allerdings unwiderruflich; hat meist wenig Menschenkenntnis und wird deshalb in einigen seltenen Fällen das Opfer von Hochstaplern.

21–22 Sonne/Merkur

(gilt für alle kardinalen Zeichen)

Die Rede des Herrschers; über Taten sprechen.

Muss über seine Empfindungen reden; «Gefühlezeiger»; manchmal Hinweis auf Koordinationsstörungen aller Art; gesteigerte Tendenz zu Infektionskrankheiten, Cellulite, Ödemen; gelegentlich Hinweis auf außergewöhnliche Körperbeherrschung bis hin zu artistischen Neigungen, aber auch Handlungslähmung. Oft nah am Wasser gebaut. Will durch Anpassung dominieren. Schwer zufrieden zu stellen. Detailverliebt. Angst vor Kontrollverlust. Fühlt sich unterbewertet. Selbstbestätigung durch Leistung und Unterordnung. Abhängig von Statussymbolen. Gibt zu viel auf die Meinung anderer.

22–23 Sonne/Saturn

Disziplinierter als andere Krebse; liebt väterliche Vorbilder; wenig spontan; ernsthaft; Ablehnung alles Oberflächlichen; wenn Aszendenz auf diesem Grad, häufig außergewöhnlich blass; Hang zum Asketischen; Neigung zur Herzschwäche (Angina pectoris); manchmal Workaholic.

23–24 Merkur + Mond

(23,5 Grad kardinal: Merkur + Zeichenherrscher; allerdings wirkt der Zeichenherrscher nur sehr schwach, es handelt sich nicht um eine vollwertige Konstellation)

Häufig leptosome Erscheinung, braune Haare, wellig bis lockig; verfügt über ungewöhnliche Energiereserven; Neigung zu Konzentrationsstörungen; motorische Unruhe; «Fußwipper» und «Zappelphilipp»; oft große sprachliche Begabung; in Spannungssituationen immens gesteigerter Rededrang; braucht regelmäßige sportliche Betätigung, um physisch und psychisch gesund zu bleiben.

24–25 Saturn/Uranus

(gilt für alle kardinalen Zeichen)

Zähe, ausdauernde Konstitution; konfliktfest und belastungsfähig; «konservative Exzentrizität»; oft Hinweis auf schwierige oder verzögerte Geburt; gelegentlich Hinweis auf eine Lebensgefährdung während des ersten Lebensjahres, danach häufig Hinweis auf Langlebigkeit; fühlt sich wohl in Spannungssituationen, braucht Unruhe um sich herum, um die eigene Nervosität kontrollieren zu können; oft sehr trockene Wahrheitsliebe. Querulant oder Eigenbrötler.

25–26 Neptun/Neptun/Neptun

(gilt für alle kardinalen Zeichen)

«Neurosegrad»; Aggressionshemmung, nachtragend, Flucht in den Schlaf; völlig fantasielos als Angstschutz oder im Gegenteil überschäumend schöpferisch, um die immense Anzahl seelischer Eindrücke zu bewältigen; graue Maus oder bunter Hund; häufige Erkältungen; mediale Begabung möglich. Interesse an Medizin. Häufig Konkurrenzsituation zu Geschwistern. Übermäßig langes Abhängigkeitsverhältnis von Eltern, Lehrern und Vorgesetzten. Bittet um Hilfe, ohne Ratschläge anzunehmen.

26–27 Mond//Pluto

(26–27 Grad kardinal: Zeichenherrscher/Pluto)

Ausgeprägtes emotionales Geltungsbedürfnis; Liebe durch Leistung; problematisches Verhältnis zur Mutter: deren Unerfülltheit sollte vom Kind kompensiert werden; die Mutter war eine «Hexe»; Hinweis auf psychische Erkrankung der Mutter; häufig Indiz für Gehörschäden, meist durch Mittelohrentzündung verursacht.
Natürliche Autorität; das Bedürfnis, Verantwortung zu übernehmen; teilt die Welt in «gut und böse» ein; gelegentlich leicht zwanghafte Verhaltens- und Denkmuster; Eigenbrötler; robust, hohe Regenerationskraft; oft Testosteron- und Adrenalinüberschuss.

♋

27–28 Mond/Jupiter

(gilt für alle kardinalen Zeichen)

Ungeheure Glückserwartung an das Leben, die sich auch durch häufige Rückschläge nicht beirren lässt; chronischer Optimismus und depressive Neigungen können hier seltsame Mischungen eingehen; Protektion durch ältere Damen; oft erfolgreich; im Erfolg jedoch Gefahr, undankbar zu sein.
«Möchtegern-Schiedsrichterkonstellation»: mischt sich gern ein; unbeirrbar in den eigenen Bedürfnissen und Interessen; nur mäßig beeindruckbar durch die Manipulationsversuche anderer, gleichzeitig jedoch oft Angst vor Vorgesetzten; selbst meist guter Vorgesetzter, aber schlechter Teamarbeiter; gesteigerter Drang zu Fernreisen; bei Alkoholmissbrauch starke Neigung zu Leberabszessen; evtl. Tendenz zu Erkrankungen der Bauchspeicheldrüse im Zusammenhang mit Röststoff- und Koffeinunverträglichkeit (Kaffee, Tee).

28–29 Mond/Mars

(gilt für alle kardinalen Zeichen)

Ungeklärter Selbstbezug; Autoaggression; Ablehnung des Männlichen, leistungsorientiertes Empfinden. Fühlt sich schnell angegriffen. Flucht in «Arbeitswut», schnell beleidigt, kann dafür umso besser austeilen. Angst, Schwäche zu zeigen. In Belastungssituationen Neigung zu Schleimhautentzündungen. Im Extremfall: Schwankungen zwischen Panik und Aggression. Masochistische Neigungen in konstruktiver (über sich selbst hinauswachsen können) oder destruktiver Form.

Identität von Aggression und Empfinden; Konkurrenzorientierung; überdurchschnittlich ausgeprägte Neigung, sich von anderen seelisch verletzt zu fühlen. Auf alles, was als persönlicher Angriff interpretiert werden kann, reagieren die Nativen besonders empfindsam. Fähigkeit, die Schwachpunkte bei anderen zu erkennen.

Permanente Stresssituation, die es schwer macht, anderen etwas neidlos zu gönnen. Insbesondere bei Frauen Möglichkeit von Essstörungen, vor allem in der Pubertät: Luftschlucken, Magersucht, Bulimie, Fettsucht. Im Leben mehr erreichen, als dies anderen möglich ist. Dominante Mutterproblematik, erhöhte Verletzungsneigung, im Extremfall Neigung zur absichtlichen Selbstverletzung.

Löwe

29–1 Mond/Sonne

Schwache Konstitution; labiles Nervensystem; oft ätherische und zerbrechliche Erscheinung; manchmal tragische Beziehung zu konträrem Elternteil; häufig bisexuelle Veranlagung aufgrund einer geschlechterrollenspezifischen Desorientierung; objektfreie Sinnlichkeit; manchmal Hinweis auf psychische Gefährdung; Grenzgängerkonstellation.

1–2 Mars/Pluto, Sonne/Pluto, Saturn/Pluto

Hält an Zielvorstellungen unerbittlich fest; lässt sich nicht abwimmeln; Wahl zwischen Angst und Aggression; oft chronisch instabile Existenz; Vorliebe für Zerfallsprozesse (mag meist gerne Abbruchhäuser u. Ä.); Hang zum Morbiden; als Gegner unangenehm und nachtragend; «kontraphobisch»; «Bulldoggengrad»; oft charmante «Exoten» und Einzelgänger, die man nicht unterschätzen sollte; Angstbeißer; radikal aus Prinzip. Oder «Friedensengel», Ablehnung jeder Form von Aggression und Gewalttätigkeit. Wirkt dann unnatürlich «lieb».

2–3 Sonne/Venus

(gilt für alle fixen Zeichen)

Die Liebe zum Männlichen; die Lebenslust; der künstlerische Vater; Unbekümmertheit, Bequemlichkeit, eitel, materialistisch. Interesse an Mode. Abneigung gegen anstrengende Arbeit. Künstlerische Neigungen und Fähigkeiten. Besondere Beziehung zur Mode, zu Farben und zur Malerei. In geringerem Maße gilt dies auch für die Musik.

Gesteigerte Genussfähigkeit: kaum zum Asketen und Abstinenzler geboren.
Oft geselligen Naturells, viele gesellschaftlich erfolgreiche Menschen haben diese Konstellation.
Manche Misanthropen weisen diese Konstellation auf. Persönliche Enttäuschungen können dazu führen, dass der Native sich bewusst aus dem sozialen Leben zurückzieht oder gar zum Eigenbrötler wird.
Oft äußert sich diese Konstellation jedoch weitaus weniger dramatisch: Die Nativen haben lediglich ein wenig exotische Umgangsformen und bemühen sich, von der Unterstützung anderer so unabhängig wie möglich zu sein.

3–4 Sonne/Sonne, Sonne/Pluto
(3–4 Grad fix: Plutoverbindung mit dem Zeichenherrscher, gleichzeitig doppelter Zeichenherrscher)
Besonders bei Frauen bedeutsame Konstellation: gestörtes Verhältnis zum Männlichen; Tendenz, sich übermäßig mit dem Partner zu identifizieren bis hin zum Verlust der eigenen Identität; plötzliches Umschlagen in völlig egozentrische Verhaltensmuster; Probleme, das rechte Maß zu finden; zwanghafter Drang, die eigenen Möglichkeiten zu überfordern; sucht nach Führung, ohne sich dominieren lassen zu wollen; «Papageienkonstellation»: möchte bunt und schillernd erscheinen, zeigt dies oft auch durch entsprechende Kleidung; liebt das Widersprüchliche und Doppelbödige, würde oft gerne ein «Doppelleben» führen.

4–5 Jupiter/Uranus + Mars
(gilt für alle fixen Zeichen)
Neigt dazu, die eigenen Fähigkeiten und Möglichkeiten zu überschätzen, sodass sich Protektion und Anerkennung durch andere oftmals schnell in Ablehnung verwandeln; Tendenz, anderen ihre Freiräume zu nehmen und dadurch seelische und/oder physische Verletzungen durch «Befreiungsschläge» zu erhalten: Bei dieser Konstellation sollte man sich deshalb in ganz besonderem Maße

vor Überheblichkeit und Machtmissbrauch hüten. Echte Demut eröffnet hier die Möglichkeit, auch außergewöhnliche und scheinbar aussichtslose Projekte zu verwirklichen. Scheinbescheidenheit und manipulatives Verhalten um des Erfolges willen können verheerende Folgen haben.

5–6 Sonne/Jupiter

(gilt für alle fixen Zeichen)

«König sein», Körperfixierung; Identifizierung mit der eigenen physischen Attraktivität; Tendenz zu Mehrfachbeziehungen (aktiv oder passiv); manchmal materialistisch; braucht viel, um zufrieden zu sein; Neigung zum «Fettherz»; guter Chef, schlechter Mitarbeiter; überempfindlich gegen jegliche Form von Kritik; bei Männern: häufig Flucht ins Macho-Verhalten, um emotional unberührbar zu erscheinen. Wünsche und persönlichen Pläne werden außergewöhnlich schnell und effektiv umgesetzt. Beginn mit viel Energie, doch fehlt es oft an Geduld und Ausdauer.

Außergewöhnliches Selbstbewusstsein. Auch in ihrer Weltanschauung zukunftsorientierte Optimisten, aber auch depressive Schübe. Oft erstaunliche Weitsicht.

6–7 (Sonne/Saturn)/Uranus

(6,5 Grad fix: Zeichenherrscher/Saturn und Uranus)

Überreiztes Nervensystem; Neigung zu chronischen Infektionen; Wachstumsstörungen; Erkrankungen des Herzens; nervöse Magenstörungen; bei Frauen: massiv gesteigerte Neigung zu Pilzerkrankungen; Tendenz, die eigenen Schwächen an anderen therapieren zu wollen; an ungeeigneten Bindungen festhalten, bis diese von einem Augenblick zum nächsten endgültig zerbrechen; Frigidität und Impotenz können sich in dauerhaften Partnerschaften ergeben – Ventil: Zufallsbekanntschaften in Übergangssituationen; im Extremfall: psychotische Angst vor dem Tod.

7–8 Mond/Uranus

Hingabeschwäche (besonders bei Frauen); wider Willen «lieb» sein müssen mit entsprechender Ausrastungs-/Aggressions-Problematik; ausgeprägte innere Unruhe; Neigung zu diffusen Ängsten; bei Mineralmangel deutliche Krampfneigung; Tendenz zu Neuralgien; übererregbar; Anlage zu allen Formen von Nervenerkrankungen; Entscheidungsschwäche; häufig jugendliche Erscheinung; nervöser Reizmagen; Berührungsängste; Angst, durch Zuwendung gekauft zu werden; äußerst gespaltenes Verhältnis zur Mutter.

8–9 Jupiter/Uranus

(gilt für alle fixen Zeichen)

Nesthäkchen; Hans im Glück; «der Aszendent von Gustav Gans aus Entenhausen»; ist so sehr an glückliche Wendungen und unerwartete Unterstützung gewöhnt, dass die Gefahr besteht, dies als selbstverständlich zu betrachten bzw. gar nicht mehr wahrgenommen zu werden – hier kommt dann jedoch «Hochmut vor dem Fall»: plötzliche Zusammenbrüche scheinbar gesicherter Optionen führen zu Ernüchterung; grundsätzlich positive Lebenseinstellung; «Stehaufmännchen», kann sich auch nach größten Niederlagen wieder erfolgreich emporarbeiten; muss lernen, die Dinge im Fluss zu lassen («free flow»), ohne dabei nachlässig und faul zu werden, da ansonsten Verlust- und Existenzängste sehr heftig Raum greifen können («stuck»).

9–10 Venus

(gilt für alle fixen Zeichen)

Leidenschaftsgrad; sinnlich und genusssüchtig; essen als erotisches Erlebnis; ausgeprägte Fähigkeit, anderen zu gefallen. Vor allem bei Frauen: «Objekt der Begierde»; oft faul und passiv. Braucht die Gesellschaft von anderen. Oft hilfsbereit, aber auch bequem. Oft angenehme Stimme. Wirkt in irgendeiner Weise auf andere immer außergewöhnlich anziehend. Sollte beruflich auch als Selbstständiger mit einem Partner arbeiten. Sucht die große Liebe, mit hohem und oft naiv-unrealistischem Anspruch. Findet deshalb oft erst spät im Leben den passenden Partner.

10–11 Uranus/Neptun

(gilt für alle fixen Zeichen)

Tendenz zu chronischer Überreizung des Nervensystems; gelegentlich Suchtproblematik; neigt zu für die Umwelt unberechenbaren Reaktionen; spontan bis distanzlos; in jedem Sinn des Wortes «zu allem fähig»; mentale Defekte ergeben sich hier genauso wie Ausnahmebegabungen, die sich meist auf wenige Bereiche beschränken.

11–13 Jupiter + Sonne

(Alle 12er-Grade sind Jupiter-Grade mit einer Beimischung des Zeichenherrschers.)

Körperfixierung; Identifizierung mit der eigenen physischen Attraktivität; Tendenz zu Mehrfachbeziehungen (aktiv oder passiv); manchmal materialistisch; braucht viel, um zufrieden zu sein; Neigung zum «Fettherz»; guter Chef, schlechter Mitarbeiter; überempfindlich gegen jegliche Form von Kritik; bei Männern: häufig Flucht ins Macho-Verhalten, um emotional unberührbar zu erscheinen. Wünsche und persönliche Pläne werden außergewöhnlich schnell und effektiv umgesetzt. Beginn mit viel Energie, doch fehlt es oft an Geduld und Ausdauer.

Außergewöhnliches Selbstbewusstsein. Auch in ihrer Weltanschauung zukunftsorientierte Optimisten, aber auch depressive Schübe.

13–14 Neptun/Pluto

(gilt für alle fixen Zeichen)

«Grausam schlägt das Schicksal zu - heute ich und morgen du.» Hang zum Dramatischen. Oft extremes Charisma. Interesse an Esoterik und Parapsychologie. Alles bestimmen wollen. Trägt Verantwortung für andere. Hang zur Selbstausbeutung. Die Urgewalt, alles geschieht gleichzeitig. Eine Biografie voller Zäsuren. Kampf gegen das Schicksal. Geht sehr enge, ambivalente Beziehungen ein. Bestimmt von Machtthemen. Muss lernen, «loszulassen». Neigt zu Verschwörungstheorien.

Interesse an sozialen Themen oder was man dafür hält; lehrt und belehrt gerne; oft Bezug zu Rechtsfragen; möchte für andere entscheiden; die Beziehung zum persönlichen Umfeld ist wichtiger als die Bindung an die Familie; unbewusste Suche nach den «Gesetzen der Philosophie»; Angst vor den eigenen Subjektivismen, möchte die eigenen Themen generalisieren; Tendenz zu chronischen Dickdarmerkrankungen im Alter.

14–16 Sonne/Uranus
Der Höhepunkt des Vitalen und Individualistischen; häufige und plötzliche Stimmungswechsel um 180 Grad; «Ikarusgrad»: In manischen Phasen wird leichtfertig aufgegeben oder zerstört, was später noch gebraucht wird; ungewöhnliche Beziehung zum Männlichen; zwiespältiges Verhältnis zum Vater; oft technische Begabung; sprunghaft im Denken und Handeln.

16–17 Merkur/Pluto
(gilt für alle fixen Zeichen)
Liebt Ordnung und Eindeutigkeit; Neigung zum technischen Zeichnen; Grafiker- und Architektenkonstellation; hat oft erhebliche Schwierigkeiten im Transferdenken; muss Dinge immer mit den genau gleichen Worten erklärt bekommen; meist sehr gutes, vor allem optisches Gedächtnis (für Dinge, die interessieren); Neigung zu Zwangsvorstellungen, die jedoch in aller Regel harmlos sind; abergläubisch: wenn X nicht geklappt hat, kann Y ja auch nur schief gehen; durch Worte beeindruckbarer als andere; in seltenen Fällen Anlage zu Krebserkrankungen von Speise- und Luftröhre.

17–18 Mond/Pluto
(gilt für alle fixen Zeichen)
Ausgeprägtes emotionales Geltungsbedürfnis; Liebe durch Leistung; problematisches Verhältnis zur Mutter: deren Unerfülltheit sollte vom Kind kompensiert werden; die Mutter war eine «Hexe»; Hinweis auf psychische Erkrankung der Mutter; häufig Indiz für Gehörschäden, meist durch Mittelohrentzündung verursacht.

18–19 Venus + Sonne
(Alle 18er-Grade sind Venus-Grade mit einer Beimischung des Zeichenherrschers.)
Ästhet; oft hübsch; begeisterungsfähig; vielfach Mangel an Ausdauer in persönlichen Partnerschaften; «Strohfeuerkonstellation»; bei Frauen: Gefahr, sich «zu gut» für die Männer zu sein; Prinzessin auf der Erbse; «Playboykonstellation».
Lebenslust; der künstlerische Vater; Unbekümmertheit, Bequemlichkeit, eitel, materialistisch. Interesse an Mode. Abneigung gegen anstrengende Arbeit. Künstlerische Neigungen und Fähigkeiten. Besondere Beziehung zur Mode, zu Farben und zur Malerei. In geringerem Maße gilt dies auch für die Musik.
Oft geselligen Naturells, viele gesellschaftlich erfolgreiche Menschen haben diese Konstellation.

Persönliche Enttäuschungen können dazu führen, dass der Native sich bewusst aus dem sozialen Leben zurückzieht.
Oft äußert sich diese Konstellation jedoch weitaus weniger dramatisch: Die Nativen haben lediglich ein wenig exotische Umgangsformen und bemühen sich, von der Unterstützung anderer so unabhängig wie möglich zu sein.

19–20 Uranus/Neptun
(gilt für alle fixen Zeichen)
Extremer Fantasiereichtum; Hang zum Weltfremden; in der Geschwisterfolge oft der Nachzügler; passt in kein Schema; Tagträume als Lebensersatz; manchmal depressive oder ängstliche Neigungen; in mehr als einer Hinsicht eine ungewöhnliche Persönlichkeit; «Märchenerzählerkonstellation». Sucht immer das Außergewöhnliche. Ist schnell gelangweilt, mag keine Routinearbeiten, hat Probleme, den Alltag zu bewältigen. Unlogisch und selbstverliebt. Probleme, Angefangenes zu Ende zu führen. Neigung zu Stoffwechselstörungen. Braucht, um gesund zu bleiben, sehr viel Bewegung. Hausspitze 7: überzogene Partnerschaftserwartungen, Beziehungsstörungen, Traum vom «Märchenprinzen». Eigene Schwächen auf das Gegenüber projizieren. Vom Idealismus nach Ernüchterung zu berechnendem Begegnungs-

verhalten. Versorgungsmentalität. Doublebind: Will zum Partner aufblicken können (insbesondere Frauen), aber gleichzeitig im Mittelpunkt stehen.

20–21 Venus
(gilt für alle fixen Zeichen)
Leidenschaftsgrad; sinnlich und genusssüchtig; essen als erotisches Erlebnis; ausgeprägte Fähigkeit, anderen zu gefallen. Vor allem bei Frauen: «Objekt der Begierde»; oft faul und passiv. Braucht die Gesellschaft von anderen. Oft hilfsbereit, aber auch bequem. Oft angenehme Stimme. Wirkt in irgendeiner Weise auf andere immer außergewöhnlich anziehend. Sollte beruflich auch als Selbstständiger mit einem Partner arbeiten. Sucht die große Liebe, mit hohem und oft naiv- unrealistischem Anspruch. Findet deshalb oft erst spät im Leben den passenden Partner.

21–22 Sonne/Mars
(gilt für alle fixen Zeichen)
In vielen Fällen wahre Energiebündel, eher Sprinter als Dauerläufer. Emotionale Bedürfnisse und Handlungsantrieb sind oft so intensiv, dass sie unmittelbar in die Tat umgesetzt werden müssen. Beispiel Nahrungsaufnahme: Wenn sich Hunger einstellt, so ist dieser vielfach derart heftig, dass unverzüglich etwas gegessen werden muss, da sich sonst Schwächezustände und ähnliche unangenehme Empfindungen einstellen. Viele Sonne-Mars-Geborene sind daher auch so genannte Schlinger, die ihre Mahlzeit oft schneller vertilgen, als die Menschen in ihrer Umgebung zuschauen können.
Geduld ist ihre starke Seite nicht, und wenn sie etwas später als gewünscht bekommen, ist es oft auch schon fast wertlos für sie. Ausgeliefertsein an subjektive Bedürfnisse, die nur schwer diszipliniert oder unterdrückt werden können.
Fähigkeit zu einem außerordentlich starken Engagement, wenn es darum geht, kurzfristig alle verfügbaren Energien freizusetzen. Manchmal extreme Erschöpfungszustände, die oft mit aggressiver, depressiver oder cholerischer Überreizung gepaart sind.

22–23 Merkur/Uranus

Sprunghaftes, originelles oder gar geniales Denken; nervös aufgrund nervlicher Überspanntheit; Tendenz zu Zwölffingerdarmgeschwüren; ist anders als seine Geschwister; passt nicht in seine Umgebung.

23–24 Saturn/Uranus

(gilt für alle fixen Zeichen)

Fähigkeit, in widersprüchlichen Lebenssituationen zu existieren; Hinweis auf Streit, Unvereinbarkeiten oder sogar Trennungstendenzen zwischen den Eltern im Zeitraum von Schwangerschaft und Geburt; Tendenz zu nervöser Überreizung, die häufig durch Mangel- und Fehlernährung noch unterstützt wird; oft «Kuhaugen»; gelegentlich Silberblick; muss sehr hoch gesteckte Ziele verwirklichen, um mit sich und dem Leben wirklich zufrieden zu sein; plötzlich wechselnde Stimmungen und Standpunkte; für andere «unberechenbar»; häufig phasenweise Vorliebe für Pastelltöne (rosé) und «Bonbonfarben». Überreiztes Nervensystem; Neigung zu chronischen Infektionen; Wachstumsstörungen; Erkrankungen des Herzens; nervöse Magenstörungen; bei Frauen: massiv gesteigerte Neigung zu Pilzerkrankungen; Tendenz, die eigenen Schwächen an anderen therapieren zu wollen; an ungeeigneten Bindungen festhalten, bis diese von einem Augenblick zum nächsten endgültig zerbrechen; Frigidität und Impotenz können sich in dauerhaften Partnerschaften ergeben – Ventil: Zufallsbekanntschaften in Übergangssituationen; im Extremfall: psychotische Angst vor dem Tod.

24–25 Sonne/Jupiter

(gilt für alle fixen Zeichen)

«König sein», Körperfixierung; Identifizierung mit der eigenen physischen Attraktivität; Tendenz zu Mehrfachbeziehungen (aktiv oder passiv); manchmal materialistisch; braucht viel, um zufrieden zu sein; Neigung zum «Fettherz»; guter Chef, schlechter Mitarbeiter; überempfindlich gegen jegliche Form von Kritik; bei Männern: häufig Flucht ins Macho-Verhalten, um emotional un-

berührbar zu erscheinen. Wünsche und persönlichen Pläne werden außergewöhnlich schnell und effektiv umgesetzt. Beginn mit viel Energie, doch fehlt es oft an Geduld und Ausdauer.
Außergewöhnliches Selbstbewusstsein. Auch in ihrer Weltanschauung zukunftsorientierte Optimisten, aber auch depressive Schübe. Oft erstaunliche Weitsicht.

25–26 Mars/Saturn
(gilt für alle fixen Zeichen)
Besonderes Bedürfnis nach gesellschaftlicher Anerkennung für die eigenen Leistungen. Oft außergewöhnlich ehrgeizig. Sowohl im Beruf als auch sportlich.
Im persönlichen Umgang Durchsetzungsschwierigkeiten. Hemmung anderen allzu deutlich die eigenen Wünsche und Bedürfnisse mitzuteilen. Angst, ungewollt zu verletzen und Ablehnung zu provozieren.

Haben sie einmal »Blut geleckt«, gibt es fast nichts mehr, was sie von der Verfolgung ihres Zieles ablenken könnte.

26–27 Saturn/Pluto, (Uranus/Pluto)
(gilt für alle fixen Zeichen)
Unbeirrbar in Ziel, Überzeugung und Handeln; kann nur aus eigenen Fehlern lernen, da der Rat anderer nur selten ernst genommen und befolgt wird; oft konservative Einstellung; häufig Autorität, die Respekt einflößt oder gar Angst macht; Vorliebe für alle Formen von Lehrtätigkeit; Gefahr, ins Belehrende abzugleiten; bei unbefriedigender Lebenssituation wird man für Untergebene zum «Schleifer»; irrationale Ängste; braucht große Genauigkeit, um sich sicher zu fühlen; empfindet Unordnung als physische Bedrohung (auch wenn man diese selbst schafft); gelegentlich Tendenz zu Rückenleiden sowie allen Formen von Rheumatismus.

27–28 Merkur/Saturn/Uranus
(gilt für alle fixen Zeichen)
«Querulantenkonstellation», «Zappelphilipp»; alles wollen und mit nichts zufrieden sein; hypermobile Gelenke; Neigung zu Sehnenscheidenentzündungen; «stecken gebliebener Ehrgeiz».

Fähigkeit, in widersprüchlichen Lebenssituationen zu existieren; Hinweis auf Streit, Unvereinbarkeiten oder sogar Trennungstendenzen zwischen den Eltern im Zeitraum von Schwangerschaft und Geburt; Tendenz zu nervöser Überreizung, die häufig durch Mangel- und Fehlernährung noch unterstützt wird; oft «Kuhaugen»; gelegentlich Silberblick; muss sehr hoch gesteckte Ziele verwirklichen, um mit sich und dem Leben wirklich zufrieden zu sein; plötzlich wechselnde Stimmungen und Standpunkte; für andere «unberechenbar»; häufig phasenweise Vorliebe für Pastelltöne (rosé) und «Bonbonfarben». Überreiztes Nervensystem; Neigung zu chronischen Infektionen; Wachstumsstörungen; Erkrankungen des Herzens; nervöse Magenstörungen; bei Frauen: massiv gesteigerte Neigung zu Pilzerkrankungen; Tendenz, die eigenen Schwächen an anderen therapieren zu wollen; an ungeeigneten Bindungen festhalten, bis diese von einem Augenblick zum nächsten endgültig zerbrechen; Frigidität und Impotenz können sich in dauerhaften Partnerschaften ergeben – Ventil: Zufallsbekanntschaften in Übergangssituationen; im Extremfall: psychotische Angst vor dem Tod.

28–29 Merkur/Uranus/Neptun
(gilt für alle fixen Zeichen)
Sich im selbst gestrickten Chaos verlieren, um dort zum Täter oder Opfer zu werden; Übergriffe; Handlungsvermeidung oder Fähigkeit zu Außergewöhnlichem.
Extremer Fantasiereichtum; Hang zum Weltfremden; in der Geschwisterfolge oft der Nachzügler; passt in kein Schema; Tagträume als Lebensersatz; manchmal depressive oder ängstliche Neigungen; in mehr als einer Hinsicht eine ungewöhnliche Persönlichkeit. Sucht immer das Außergewöhnliche. Ist schnell gelangweilt, mag keine Routinearbeiten; Probleme, den Alltag zu bewältigen. Unlogisch und selbstverliebt. Probleme, Angefangenes zu Ende zu führen. Neigung zu Stoffwechselstörungen. Braucht, um gesund zu bleiben, sehr viel Bewegung. Hausspitze 7: überzogene Partnerschaftserwartungen, Beziehungsstörungen, Traum vom «Märchenprinzen». Eigene Schwächen auf das Gegenüber

projizieren. Vom Idealismus nach Ernüchterung zu berechnendem Begegnungsverhalten. Versorgungsmentalität. Doublebind: Will zum Partner aufblicken können (insbesondere Frauen), aber gleichzeitig im Mittelpunkt stehen.

Jungfrau

29–1 Sonne/Merkur

Muss über seine Empfindungen reden; «Gefühlezeiger»; manchmal Hinweis auf Koordinationsstörungen aller Art; gesteigerte Tendenz zu Infektionskrankheiten, Cellulite, Ödemen; gelegentlich Hinweis auf außergewöhnliche Körperbeherrschung bis hin zu artistischen Neigungen, aber auch Handlungslähmung. Oft nah am Wasser gebaut. Will durch Anpassung dominieren. Schwer zufrieden zu stellen. Detailverliebt. Angst vor Kontrollverlust. Fühlt sich unterbewertet. Selbstbestätigung durch Leistung und Unterordnung. Abhängig von Statussymbolen. Gibt zu viel auf die Meinung anderer. ♍

1–2 Mars/Jupiter

(gilt für alle beweglichen Zeichen)

«Schiedsrichterkonstellation»: mischt sich gern ein; unbeirrbar in den eigenen Bedürfnissen und Interessen; nur mäßig beeindruckbar durch die Manipulationsversuche anderer, gleichzeitig jedoch oft Angst vor Vorgesetzten; selbst meist guter Vorgesetzter, aber schlechter Teamarbeiter; gesteigerter Drang zu Fernreisen; bei Alkoholmissbrauch starke Neigung zu Leberabszessen; evtl. Tendenz zu Erkrankungen der Bauchspeicheldrüse im Zusammenhang mit Röststoff- und Koffeinunverträglichkeit (Kaffee, Tee).

2–3 Saturn/Neptun

(gilt für alle beweglichen Zeichen)

Leberpunkt (hauptsächlich über Spitze 6); alle Formen von Nekrose bei entsprechender Disposition möglich; alle Zerfalls- und Auflösungsprozesse; Zwang, sich mit der Wahrheit auseinander zu setzen; mangelnde Wahrheitsliebe.

3–4 Sonne/Neptun
(gilt für alle beweglichen Zeichen)
Antriebsschwäche; ausgeprägte Motivationslöcher; manchmal Suchtneigung und Medikamentenmissbrauch; extreme Erschöpfungszustände nach Stresssituationen; «schläft das Wochenende durch»; fantasiearm, aber dennoch Tendenz zu Angstzuständen.

4–5 Neptun/Neptun/Neptun
(gilt für alle beweglichen Zeichen)
«Neurosegrad»; Flucht in den Schlaf; völlig fantasielos als Angstschutz oder im Gegenteil überschäumend schöpferisch, um die immense Anzahl seelischer Eindrücke zu bewältigen; graue Maus oder bunter Hund; häufige Erkältungen; mediale Begabung möglich.

5–6 Saturn/Uranus
(gilt für alle beweglichen Zeichen)
Fähigkeit, in widersprüchlichen Lebenssituationen zu existieren; Hinweis auf Streit, Unvereinbarkeiten oder sogar Trennungstendenzen zwischen den Eltern im Zeitraum von Schwangerschaft und Geburt; Tendenz zu nervöser Überreizung, die häufig durch Mangel- und Fehlernährung noch unterstützt wird; oft «Kuhaugen»; gelegentlich Silberblick; muss sehr hoch gesteckte Ziele verwirklichen, um mit sich und dem Leben wirklich zufrieden zu sein; plötzlich wechselnde Stimmungen und Standpunkte; für andere «unberechenbar»; häufig phasenweise Vorliebe für Pastelltöne (rosé) und «Bonbonfarben». Überreiztes Nervensystem; Neigung zu chronischen Infektionen; Wachstumsstörungen; Erkrankungen des Herzens; nervöse Magenstörungen; bei Frauen: massiv gesteigerte Neigung zu Pilzerkrankungen; Tendenz, die eigenen Schwächen an anderen therapieren zu wollen; an ungeeigneten Bindungen festhalten, bis diese von einem Augenblick zum nächsten endgültig zerbrechen; Frigidität und Impotenz können sich in dauerhaften Partnerschaften ergeben – Ventil: Zufallsbekanntschaften in Übergangssituationen; im Extremfall: psychotische Angst vor dem Tod.

6–7 Merkur

(gilt für alle beweglichen Zeichen)

Häufig leptosome Erscheinung, braune Haare, wellig bis lockig; verfügt über ungewöhnliche Energiereserven; Neigung zu Konzentrationsstörungen; motorische Unruhe; «Fußwipper» und «Zappelphilipp»; oft große sprachliche Begabung; braucht regelmäßige sportliche Betätigung, um physisch und psychisch gesund zu bleiben.

7–8 Sonne/Neptun

Orientierungsschwach; Vater entfällt in seiner Funktion als prägendes Vorbild; Motivationsschwäche; ausgeprägte Tendenz zu Tagträumen.

Antriebsschwäche; ausgeprägte Motivationslöcher; manchmal Suchtneigung und Medikamentenmissbrauch; extreme Erschöpfungszustände nach Stresssituationen; «schläft das Wochenende durch»; fantasiearm, aber dennoch Tendenz zu Angstzuständen.

♍

8–9 Sonne/Merkur

Muss über seine Empfindungen reden; «Gefühlezeiger»; manchmal Hinweis auf Koordinationsstörungen aller Art; gesteigerte Tendenz zu Infektionskrankheiten, Cellulite, Ödemen; gelegentlich Hinweis auf außergewöhnliche Körperbeherrschung bis hin zu artistischen Neigungen, aber auch Handlungslähmung. Oft nah am Wasser gebaut. Will durch Anpassung dominieren. Schwer zufrieden zu stellen. Detailverliebt. Angst vor Kontrollverlust. Fühlt sich unterbewertet. Selbstbestätigung durch Leistung und Unterordnung. Abhängig von Statussymbolen. Gibt zu viel auf die Meinung anderer.

9–10 Venus/Neptun

(gilt für alle beweglichen Zeichen)

Nierenschwäche; Romantiker; künstlerische Begabung; Abgrenzungsprobleme; Aufforderung, ausgenutzt zu werden, insbesondere bei Frauen; Hingabeangst, daher Tendenz zu «illegalen» Liebschaften (verheiratete Partner etc.). Gefahr Opfer von «Heiratsschwindlern» zu werden. Durch Fehleinschätzungen von Partnern und Freunden, wachsende Enttäuschung und Misstrauen.

10–11 Mond/Venus

(gilt für alle kardinalen und beweglichen Zeichen)

Hingabefähig; optimistisch; oft charmant; außergewöhnlich erotische Ausstrahlung, insbesondere bei Frauen; emotional labil, ohne dass dies der Umwelt auffallen müsste; hat von der Mutter gelernt, wie man sich nicht gibt (die Mutter als abschreckendes Beispiel); oft in großem Maße durch die Meinung anderer beeinflussbar; kann über Gefühle leicht manipuliert werden; vielfach außergewöhnlich gutmütig, was jedoch bei Missbrauch in verblüffende Aggressivität umschlagen kann; manchmal Neigung zu Passivität, indem man wichtige Entscheidungen anderen (vor allem dem Partner) überlässt.

11–13 Jupiter + Merkur

(Alle 12er-Grade sind Jupiter-Grade mit einer Beimischung des Zeichenherrschers)

Häufig brillante Anpassungsfähigkeit an Umweltbedingungen: das Beste aus dem machen, was der Zeitgeist hergibt; falls keine widersprüchlichen Konstellationen im Radix vorliegen, häufig guter bis sehr guter Verkäufer; Neigung zu seelischer Überforderung, da die Umwelt übertrieben aufmerksam wahrgenommen wird; Tendenz zum Alkohol- oder Betäubungsmittelmissbrauch, um nervale Überreizung zu kompensieren; kann unter massivem äußeren Druck ungewöhnliche Begabungen entwickeln; «Mozartgrad».

13–14 Sonne/Mars

(gilt für alle fixen Zeichen)

In vielen Fällen wahre Energiebündel, eher Sprinter als Dauerläufer. Emotionale Bedürfnisse und Handlungsantrieb sind oft so intensiv, dass sie unmittelbar in die Tat umgesetzt werden müssen. Beispiel Nahrungsaufnahme: Wenn sich Hunger einstellt, so ist dieser vielfach derart heftig, dass unverzüglich etwas gegessen werden muss, da sich sonst Schwächezustände und ähnliche unangenehme Empfindungen einstellen. Viele Sonne-Mars-Geborene sind daher auch so genannte Schlinger, die ihre Mahlzeit oft

schneller vertilgen, als die Menschen in ihrer Umgebung zuschauen können.
Geduld ist ihre starke Seite nicht, und wenn sie etwas später als gewünscht bekommen, ist es oft schon fast wertlos für sie.
Ausgeliefertsein an subjektive Bedürfnisse, die nur schwer diszipliniert oder unterdrückt werden können.
Fähigkeit zu einem außerordentlich starken Engagement, wenn es darum geht, kurzfristig alle verfügbaren Energien freizusetzen.
Manchmal extreme Erschöpfungszustände, die oft mit aggressiver, depressiver oder cholerischer Überreizung gepaart sind.

14–16 Merkur/Neptun

Schwächezustände aller Art; Überreaktion auf Medikamente; verträgt keine Konservierungsmittel; Asthma; allergische Erkrankungen der Atemwege; Sauerstoffmangel bei der Geburt, im Extrem: «grün und blau geboren»; visionäres Denken, Probleme mit der Umsetzung; «intellektuelles Chamäleon»: kann die eigenen Ansichten gut verstecken; kann unbewusst auf andere so wirken, wie er gesehen werden möchte.

♍

16–17 Sonne/Pluto

(gilt für alle beweglichen Zeichen)

Alles bestimmen wollen. Trägt Verantwortung für andere. Hang zur Selbstausbeutung. Die Urgewalt, alles geschieht gleichzeitig. Eine Biografie voller Zäsuren. Kampf gegen das Schicksal. Geht sehr enge, ambivalente Beziehungen ein. Bestimmt von Machtthemen. Muss lernen, «loszulassen». «Der Pate». Zieht seine Fäden im Hintergrund oder lässt sich durch scheinbar hehre Ziele ausnutzen und missbrauchen.

Schwächezustände aller Art; Überreaktion auf Medikamente; verträgt keine Konservierungsmittel; Asthma; allergische Erkrankungen des Darms; Sauerstoffmangel bei der Geburt; im Extrem: «grün und blau geboren»; «emotionales Chamäleon»: kann die eigenen Gefühle gut verstecken; kann unbewusst auf andere so wirken, wie er gerne gesehen werden möchte.

17–18 Sonne /Merkur

(gilt für alle beweglichen Zeichen)

Muss über seine Empfindungen reden; «Gefühlezeiger»; manchmal Hinweis auf Koordinationsstörungen aller Art; gesteigerte Tendenz zu Infektionskrankheiten, Cellulite, Ödemen; gelegentlich Hinweis auf außergewöhnliche Körperbeherrschung bis hin zu artistischen Neigungen, aber auch Handlungslähmung. Oft nah am Wasser gebaut. Will durch Anpassung dominieren. Schwer zufrieden zu stellen. Detailverliebt. Angst vor Kontrollverlust. Fühlt sich unterbewertet. Selbstbestätigung durch Leistung und Unterordnung. Abhängig von Statussymbolen. Gibt zu viel auf die Meinung anderer.

18–19 Venus + Merkur

(Alle 18er-Grade sind Venus-Grade mit einer Beimischung des Zeichenherrschers.)

Unruhig; braucht die Bewegung, um sich sicher zu fühlen; häufige Umzüge oder ersatzweise Umgestalten der Wohnung; manchmal Tendenz, mit seinem materiellen Besitz anzugeben: «Ich zeige, was ich habe!»; gesunder Geschäftssinn; geeignet als Handelsreisender und Verkäufer; redet gerne über Aktivitäten aller Art, Gefühle, Kinder und (bei entsprechender Hemmungslosigkeit) Sex; wenn unbefriedigende Lebenssituation: gelegentlich Tendenz zum Hochstapeln; Ästhet; Konfliktangst; Scheinharmoniker; «die schützende Oberflächlichkeit»: häufig attraktive und/oder kleine Erscheinung; «das ewige Kind».

19–20 Saturn/Pluto

(gilt für alle beweglichen Zeichen)

Konsequent in Ziel, Überzeugung und Handeln; kann nur aus eigenen Fehlern lernen, da der Rat anderer nur selten ernst genommen und befolgt wird; oft konservative Einstellung; häufig Autorität, die Respekt einflößt oder gar Angst macht; Vorliebe für alle Formen von Lehrtätigkeit; Gefahr, ins Belehrende abzugleiten; bei unbefriedigender Lebenssituation wird man für Untergebene zum «Schleifer»; irrationale Ängste, braucht große Genauigkeit, um sich sicher zu fühlen; empfindet Unordnung als physische Bedrohung (auch wenn diese selbst geschaffen wurde); extremer Gerechtigkeitssinn; lehnt Subjektivität ab.

20–21 Merkur/Mars

(gilt für alle beweglichen Zeichen)
Verbale Aggression; Schnelldenker; intellektuelle Ungeduld; «Halbstarkenkonstellation»; neigt zu Entzündungen der Gelenke und Bronchien; starker Bewegungsdrang; «die chronische Pubertät».

21–22 Mond/Sonne

(gilt für alle beweglichen Zeichen)
Diese Konstellation ist ein recht sicheres Zeichen für eine gewisse Naivität, die sich in einem eigentümlichen Urvertrauen in die Menschen und das Leben äußert. Dies weckt günstigenfalls die Beschützerinstinkte von Angehörigen und Freunden, die fürchten, dass die Nativen mit ihrer «Weltfremdheit» unter die Räder kommen könnten.

Tatsächlich begeben sich viele mit dieser Konstellation an einer Hauptachse vor allem in jungen Jahren gelegentlich in haarsträubend gefährliche Situationen. Allerdings geschieht dabei in den seltensten Fällen ein Unglück. So eigentümlich die Geborenen an das Leben und seine Herausforderungen heranzugehen scheinen, wäre es ein großer Fehler, sie zu unterschätzen. Der Erfolg gibt ihren unkonventionellen Vorgehensweisen nur allzu oft Recht.
Ausgesprochen gefühlsintensiv; heftige Emotionen; muss diese ausleben, um sich wohl und gesund zu fühlen. Drang nach körperlicher, sportlicher Betätigung Opfer eigener Stimmungsschwankungen. «Saisonarbeiter»: Wenn sie von einer Idee begeistert sind, können sie über Wochen und Monate sehr hart arbeiten und mit einem Minimum an Schlaf auskommen. In Phasen von Mutlosigkeit mag ihnen dann allerdings die kleinste Anstrengung zu viel sein.
Unmöglich, sich ihrer Ausstrahlung und ihren Stimmungen zu entziehen. Gelegentlich geht ihnen die Gefühlsachterbahn ihres Lebens selber ein wenig auf die Nerven.

22–23 Venus/Neptun

Nierenschwäche; Romantiker; künstlerische Begabung; Abgrenzungsprobleme; Aufforderung, ausgenutzt zu werden, insbesondere bei Frauen; Hingabeangst, daher Tendenz zu «illegalen» Liebschaften (verheiratete Partner etc.); «Sehnsucht nach Verschmelzung».

23–24 Uranus/Pluto, Jupiter/Neptun

(gilt für alle beweglichen Zeichen)

«Ufo-Grad»; hebt geistig ab; dem Außergewöhnlichen und Exzentrischen intellektuell zugetan; lässt sich durch die Beeinflussungsversuche anderer nicht irritieren; Neigung zum Absurden, Wirklichkeitsfernen; Orientierungsschwäche; manchmal Konzentrationsstörungen, verliert gerne den Faden; «das Verfertigen der Gedanken beim Reden»; beschäftigt sich gern mit juristischen oder didaktischen Fragen (Jurist, Lehrer); gut im Unterrichten, selbst aber nur schwer belehrbar; Er schenkt den Angelegenheiten anderer die größte Aufmerksamkeit, mit denen er selbst Schwierigkeiten hat.

Die Auswirkungen sind auf der Jungfrau/Fische-Achse meist weniger dramatisch als auf der Zwillinge/Schütze-Achse.

24–25 Jupiter/Pluto + Merkur

(24,5 Grad beweglich: Jupiter/Pluto + Zeichenherrscher)

Autistoide Neigungen: intensive zwischenmenschliche Kontakte, von denen man jedoch emotional relativ unberührt bleibt; ausgesprochen ambivalente, aber ausgeprägte Mutterbindung; hochfliegende Pläne, die mit großem persönlichen Einsatz verfolgt werden; Anfälle von Sinnlosigkeitsempfinden werden durch nervale Überpeitschung vermieden (Stress als Droge); kann für die Verwirklichung persönlicher Interessen «über Leichen gehen»; oft Hinweis auf offene oder latente Homo- bzw. Bisexualität.

25–26 Merkur/Uranus (+ Pluto), Saturn/Uranus

(gilt für alle beweglichen Zeichen)

Fähigkeit, in widersprüchlichen Lebenssituationen zu existieren; Hinweis auf Streit, Unvereinbarkeiten oder sogar Trennungstendenzen zwischen den Eltern im Zeitraum von Schwangerschaft und Geburt; Tendenz zu nervöser Überreizung, die häufig durch Mangel- und Fehlernährung noch unterstützt wird; oft «Kuhaugen»; gelegentlich Silberblick; muss sehr hoch gesteckte Ziele verwirklichen, um mit sich und dem Leben wirklich zufrieden zu sein; plötzlich wechselnde Stimmungen und Standpunkte; für andere «unberechenbar»; häufig phasenweise Vorliebe für Pastelltöne (rosé) und «Bonbonfarben». Überreiztes Nervensystem; Neigung zu chronischen Infektionen; Wachstumsstörungen; Erkrankungen des Herzens; nervöse Magenstörungen; bei Frauen: massiv gesteigerte Neigung zu Pilzerkrankungen; Tendenz, die eigenen Schwächen an anderen therapieren zu wollen; an ungeeigneten Bindungen festhalten, bis diese von einem Augenblick zum nächsten endgültig zerbrechen; Frigidität und Impotenz können sich in dauerhaften Partnerschaften ergeben – Ventil: Zufallsbekanntschaften in Übergangssituationen; im Extremfall: psychotische Angst vor dem Tod.

26–27 Merkur/Neptun

(26,5 Grad beweglich: Zeichenherrscher/Neptun)

Schwächezustände aller Art; Überreaktion auf Medikamente; verträgt keine Konservierungsmittel; Asthma; allergische Erkrankungen der Atemwege; Sauerstoffmangel bei der Geburt, im Extrem: «grün und blau geboren»; visionäres Denken, Probleme mit der Umsetzung; «intellektuelles Chamäleon»: kann die eigenen Ansichten gut verstecken; kann unbewusst auf andere so wirken, wie er gesehen werden möchte.

27–28 Mars/Saturn

(gilt für alle beweglichen Zeichen)

Besonderes Bedürfnis nach gesellschaftlicher Anerkennung der eigenen Leistungen. Oft außergewöhnlich ehrgeizig, sowohl im Beruf als auch sportlich.

Im persönlichen Umgang Durchsetzungsschwierigkeiten vorhanden. Hemmung, anderen allzu deutlich die eigenen Wünsche und Bedürfnisse mitzuteilen. Angst, ungewollt zu verletzen und Ablehnung zu provozieren.
Haben sie einmal «Blut geleckt», gibt es fast nichts, was sie von der Verfolgung ihres Zieles ablenken könnte.

28–29 Neptun/Neptun
(gilt für alle beweglichen Zeichen)
Nicht robust genug für dieses Leben; Flucht in Traum- und Fantasiewelten; manchmal psychische Gefährdung; oft massive Stoffwechselstörungen (Akne); widersprüchliche Persönlichkeitszüge, insbesondere im Erotischen: Vorliebe für «Machos» aller Art bei gleichzeitiger Ablehnung alles Männlichen (Emanzipationsanspruch) – für Männer gilt sinngemäß das Gleiche; Tendenz zu reden, ohne etwas zu sagen.

Waage

29–1 Merkur/Venus

Denkt und spricht stark harmonierorientiert; «die verbalisierte Hingabeproblematik»; oft Menschen mit unbewältigten Mutterkonflikten: Konfrontationen und Meinungsverschiedenheiten werden als bedrohlich erlebt; fühlt sich schnell benachteiligt und allein gelassen; oft Menschen mit besonderem Sprachverständnis; wird meist von allen gemocht.

1–2 Mond/Uranus, Venus/Mars

(gilt für alle kardinalen Zeichen)

Emotional unberechenbar und leidenschaftlich; kontaktfreudig bis distanzlos; Tendenz zum Manisch-Depressiven; Schwankungen zwischen Lähmung und Überaktivität; manchmal Schilddrüsendysfunktion; konfliktfreudig, Sehnsucht nach permanenter Verliebtheit; oft Schwierigkeiten, zu einer geordneten Lebensweise zu finden; wenn andere Horoskopfaktoren dies bestätigen, können sich anorektische (magersuchtartige) Essstörungen ergeben; Neigung zum Raubbau an den eigenen Reserven, daher u. a. erhöhte Erkältungsanfälligkeit.

Spitze 10: im Beruf und in der allgemeinen Lebensführung Hin- und Hergerissensein, sich nicht entscheiden können.

2–3 Mond/Mars

(gilt für alle kardinalen Zeichen)

Ungeklärter Selbstbezug; Autoaggression; Ablehnung des Männlichen, leistungsorientiertes Empfinden. Fühlt sich schnell angegriffen. Flucht in «Arbeitswut», schnell beleidigt, kann dafür

umso besser austeilen. Angst, Schwäche zu zeigen. In Belastungssituationen Neigung zu Schleimhautentzündungen. Im Extremfall: Schwankungen zwischen Panik und Aggression. Masochistische Neigungen in konstruktiver (über sich selbst hinauswachsen können) oder destruktiver Form.
Identität von Aggression und Empfinden; Konkurrenzorientierung; überdurchschnittlich ausgeprägte Neigung, sich von anderen seelisch verletzt zu fühlen. Auf alles, was als persönlicher Angriff interpretiert werden kann, reagieren die Nativen besonders empfindsam. Fähigkeit, die Schwachpunkte bei anderen zu erkennen.
Permanente Stresssituation, die es schwer macht, anderen etwas neidlos zu gönnen. Insbesondere bei Frauen Möglichkeit von Essstörungen, vor allem in der Pubertät: Luftschlucken, Magersucht, Bulimie, Fettsucht. Im Leben mehr erreichen, als dies anderen möglich ist. Dominante Mutterproblematik, erhöhte Verletzungsneigung, im Extremfall Neigung zur absichtlichen Selbstverletzung.

3–4 Mond/Neptun
(gilt für alle kardinalen Zeichen)
Seelische Betäubung, Wahrnehmungsverzerrung bzw. -betäubung. Extrem sensibilisierte Wahrnehmung. Vorgänge und Ereignisse vorausahnen, Intuition, Glücksspieler und Spekulant. Ausgeprägtes Wunschdenken.
Unpraktisch erscheinen. Romantiker, Stimmungen und Ansichten, die für persönliche Umwelt manchmal schwer nachvollziehbar sind. Sich mit künstlerischen Dingen, insbesondere der Malerei, beschäftigen. Empfindliches Nerven- und Lymphsystem. Neigung zu Hormonstörungen, vor allem Östrogenüberschuss oder -mangel.

4–5 Venus/Uranus + Neptunfärbung (Saturn/Uranus)
(4,5 Grad kardinal: Zeichenherrscher/Uranus + Neptunfärbung)
Hingabeangst (besonders bei Frauen); wider Willen «lieb» sein müssen mit entsprechender Ausrastungs-/Aggressions-Problema-

tik; ausgeprägte innere Unruhe; Neigung zu diffusen Ängsten; insbesondere bei Männern gesteigerte Neigung zur Promiskuität; bei Mineralmangel deutliche Krampfneigung; Tendenz zu Neuralgien; übererregbar; Anlage zu allen Formen von Nervenerkrankungen; Entscheidungsschwäche; oft jugendliche Erscheinung.

5–6 Venus/Jupiter
(gilt für alle kardinalen Zeichen)
Beliebt, kommt gut an oder wird wegen Eitelkeit und Selbstüberschätzung abgelehnt. Sucht häufig Selbstbestätigung über die Sexualität, bis hin zu Suchtverhalten (Bill Clinton). Benötigt viele soziale Kontakte. Braucht den Partner, um erfolgreich zu sein. Bei Männern oft chronische Fremdgänger («Don Juan-Syndrom»). Bei Frauen: vom hässlichen Entlein zum Schwan, tut alles für die eigene Schönheit. Oft sehr egoistisch, kommt dann mit nachlassender/m Attraktivität bzw. Einfluss immer schlechter zurecht. Guter Lügner. Oft sozial engagiert. Geschäftssinn und Karriereplanung oder im Gegenteil in den Tag hineinleben und darauf warten, «entdeckt» zu werden. Tut alles, um geliebt zu werden, wobei Liebe oft mit Bewunderung verwechselt wird.

♎

6–7 Jupiter/Pluto + Venus
(6,5 Grad kardinal: Jupiter/Pluto + Zeichenherrscher)
Autistoide Neigungen: intensive zwischenmenschliche Kontakte, von denen man jedoch emotional relativ unberührt bleibt; ausgesprochen ambivalente, aber ausgeprägte Mutterbindung; hochfliegende Pläne, die mit großem persönlichen Einsatz verfolgt werden; Anfälle von Sinnlosigkeitsempfinden werden durch nervale Überpeitschung vermieden (Stress als Droge); kann für die Verwirklichung persönlicher Interessen «über Leichen gehen»; oft Hinweis auf offene oder latente Homo- bzw. Bisexualität.

7–8 Merkur/Mars
Verbale Aggression; Schnelldenker; intellektuelle Ungeduld; «Halbstarkenkonstellation»; neigt zu Entzündungen der Gelenke und Bronchien; starker Bewegungsdrang; «die chronische Pubertät».

8–9 Mond/Merkur

(gilt für alle kardinalen Zeichen)

Muss reden oder schreiben, um sich emotional zu stabilisieren; das Kind einer konfliktscheuen und/oder nicht greifbaren Mutter; die Mitteilsamkeit steigt mit dem Grad der inneren Anspannung; muss seine Gefühle verbalisieren, um sie zu verstehen; im Extremfall: «Plaudertasche»; meint es immer nur gut und kann gerade dadurch anderen auf die Nerven gehen; Angst, sich emotional festzulegen, da dann die Folgen nicht überschaubar sind; oft schauspielerisches oder allgemein künstlerisches Talent; gelegentlich Neigung zu Hysterie und Hypochondrie; übernahm in der Geschwisterfolge oft die Rolle des «braven Kindes», die man dann ein Leben lang (durchaus erfolgreich) abzuschütteln sucht.

9–10 Venus/Mondknoten

(gilt für alle kardinalen Zeichen)

Kontaktathlet, kann sehr schnell Nähe zu anderen herstellen, die sich oft jedoch nicht bewährt bzw. zu komplizierten oder gar tragischen Verwicklungen führt. Erhöhte Suchtgefährdung. Macht sich das Leben unnötig kompliziert. Tendenz zu «schicksalhaften» Begegnungen. Kontakte zu Freunden und Partnern sind von außerordentlicher Wichtigkeit. Flucht in die Oberflächlichkeit als Risiko. Verführt durch Luxus und Statussymbole.

10–11 Mond/Venus

(gilt für alle kardinalen Zeichen)

Hingabefähig; optimistisch; oft charmant; außergewöhnlich erotische Ausstrahlung, insbesondere bei Frauen; emotional labil, ohne dass dies der Umwelt auffallen müsste; hat von der Mutter gelernt, wie man sich nicht gibt (die Mutter als abschreckendes Beispiel); oft in großem Maße durch die Meinung anderer beeinflussbar; kann über Gefühle leicht manipuliert werden; vielfach außergewöhnlich gutmütig, was jedoch bei Missbrauch in verblüffende Aggressivität umschlagen kann; manchmal Neigung zu Passivität, indem man wichtige Entscheidungen anderen (vor allem dem Partner) überlässt.

11–13 Jupiter + Venus

(Alle 12er-Grade sind Jupiter-Grade mit einer Beimischung des Zeichenherrschers.)

Die Übersteigerung der Merkmale des Tierkreiszeichens: die «Überwaage»; Attraktivität und Antriebsschwäche.

Beliebt, kommt gut an oder wird wegen Eitelkeit und Selbstüberschätzung abgelehnt. Sucht häufig Selbstbestätigung über die Sexualität, bis hin zu Suchtverhalten (Bill Clinton). Benötigt viele soziale Kontakte. Braucht den Partner, um erfolgreich zu sein. Bei Männern oft chronische Fremdgänger («Don Juan-Syndrom»). Bei Frauen: vom hässlichen Entlein zum Schwan, tut alles für die eigene Schönheit. Oft sehr egoistisch, kommt dann mit nachlassender/m Attraktivität bzw. Einfluss immer schlechter zurecht. Guter Lügner. Oft sozial engagiert. Geschäftssinn und Karriereplanung oder im Gegenteil in den Tag hineinleben und darauf warten, «entdeckt» zu werden. Tut alles, um geliebt zu werden, wobei Liebe oft mit Bewunderung verwechselt wird.

13–14 Sonne/Pluto

(gilt für alle kardinalen Zeichen)

Alles bestimmen wollen. Trägt Verantwortung für andere. Hang zur Selbstausbeutung. Die Urgewalt, alles geschieht gleichzeitig. Eine Biografie voller Zäsuren. Kampf gegen das Schicksal. Geht sehr enge, ambivalente Beziehungen ein. Bestimmt von Machtthemen. Muss lernen, «loszulassen». «Der Pate». Zieht seine Fäden im Hintergrund oder lässt sich durch scheinbar hehre Ziele ausnutzen und missbrauchen. Übertreibung: Autokrat oder «nützlicher Idiot».

14–16 Venus/Mars

Distanzloses Ich-Du-Verhältnis; schnell von anderen begeistert; «easy come, easy go»; punktuell leidenschaftlich; konfliktfähig; gierig und ungeduldig; oft starke erotische Ausstrahlung; manchmal möglicher Hinweis auf evtl. bisexuelle Tendenzen; verwechselt eigene Bedürfnisse mit denen anderer und umgekehrt; bei Frauen gesteigerte Tendenz zu Zysten, Myomen und Entzündungen der Blase sowie der Eierstöcke.

16–17 Pluto (+ Venus/Uranus)

(gilt für alle kardinalen Zeichen)

«Paranoiagrad», gilt für alle kardinalen Zeichen

Extremes Misstrauen bei gleichzeitiger Naivität, bis hin zu Verfolgungswahn, Angstzuständen, Selbstüberschätzung und Minderwertigkeitskomplexen, orientiert sich zu sehr an anderen oder ist unzugänglich für Kritik. Liegen die Spitzen fallender Häuser auf diesem Grad, ist das manchmal ein Hinweis auf Persönlichkeitsstörungen, wie z.B. Borderline-Syndrom. Übergriffe als Lebensthema, «Opfer oder Täter». Nähe-Distanz-Störungen. Leidet mit zunehmendem Alter darunter, dass selbst gesteckte Ziele nicht erreicht wurden. Geltungssüchtig.

Muss harte Arbeit und die Auseinandersetzung mit Grenzsituationen sowie Machtfragen lernen. Wenn Selbstanspruch und Wirklichkeit zur Deckung kommen, kann sich eine charismatische Führungspersönlichkeit entwickeln.

17–18 Jupiter/Saturn

(gilt für alle kardinalen Zeichen)

Interesse an sozialen Themen oder was man dafür hält; lehrt und belehrt gerne; oft Bezug zu Rechtsfragen; möchte für andere entscheiden; die Beziehung zum persönlichen Umfeld ist wichtiger als die Bindung an die Familie; unbewusste Suche nach den «Gesetzen der Philosophie»; Angst vor den eigenen Subjektivismen, möchte die eigenen Themen generalisieren; Tendenz zu chronischen Dickdarmerkrankungen im Alter.

18–19 Venus + Venus

(Alle 18er-Grade sind Venus-Grade mit einer Beimischung des Zeichenherrschers.)

Schizophrenes Frauenbild bei Männern: entweder Heilige (Mütter und eventuell Ehefrauen) oder Huren (Sex-Partnerinnen); «Latin Lover»; schizophrenes Männerbild bei Frauen: entweder Beschützer (asexuelle Partner jeder Art) oder «Vergewaltiger»; Beziehungsunfähigkeit möglich; permanentes Nörgeln am Partner, da elementare Bedürfnisse unbefriedigt bleiben; allgemein: Unvereinbarkeit zwischen Partnerschaft und Existenzsicherung.

19–20 Mond/Venus

(gilt für alle kardinalen Zeichen)

Hingabefähig; optimistisch; oft charmant; außergewöhnlich erotische Ausstrahlung, insbesondere bei Frauen; emotional labil, ohne dass dies der Umwelt auffallen müsste; hat von der Mutter gelernt, wie man sich nicht gibt (die Mutter als abschreckendes Beispiel); oft in großem Maße durch die Meinung anderer beeinflussbar; kann über Gefühle leicht manipuliert werden; vielfach außergewöhnlich gutmütig, was jedoch bei Missbrauch in verblüffende Aggressivität umschlagen kann; manchmal Neigung zu Passivität, indem man wichtige Entscheidungen anderen (vor allem dem Partner) überlässt.

20–21 Venus/Saturn

(gilt für alle kardinalen Zeichen)

Ehrgeizig, ausdauernd und konsequent in der Verfolgung selbst gesteckter Ziele; plant langfristig; nur das, was mühsam erarbeitet wurde, ist etwas wert; sucht die gesellschaftliche Anerkennung; im Partnerschaftsverhalten meist treu, jedoch gelegentlich etwas unterkühlt; mag sich nicht mit Banalitäten abgeben; braucht vielleicht länger als andere, um Entscheidungen zu fällen und Entschlüsse zu fassen, diese sind dann in der Regel allerdings unwiderruflich; hat meist wenig Menschenkenntnis und wird deshalb in einigen seltenen Fällen das Opfer von Hochstaplern.

21–22 Sonne/Merkur

(gilt für alle kardinalen Zeichen)

Die Rede des Herrschers; über Taten sprechen.

Muss über seine Empfindungen reden; «Gefühlezeiger»; manchmal Hinweis auf Koordinationsstörungen aller Art; gesteigerte Tendenz zu Infektionskrankheiten, Cellulite, Ödemen; gelegentlich Hinweis auf außergewöhnliche Körperbeherrschung bis hin zu artistischen Neigungen, aber auch Handlungslähmung. Oft nah am Wasser gebaut. Will durch Anpassung dominieren. Schwer zufrieden zu stellen. Detailverliebt. Angst vor Kontrollverlust. Fühlt sich unterbewertet. Selbstbestätigung durch Leistung und Unterordnung. Abhängig von Statussymbolen. Gibt zu viel auf die Meinung anderer.

22–23 Mars/Pluto

Natürliche Autorität; Bedürfnis, Verantwortung zu übernehmen; gelegentlich Anlage zu Prostataleiden bei Männern; oft kräftige Konstitution; manchmal Vorliebe für Kraftsport; «geschlechtsidealtypische Ausstrahlung»; ehrgeizig; Tendenz zur «Sheriff-Mentalität»; teilt die Welt in «gut und böse» ein; gelegentlich leicht zwanghafte Verhaltens- und Denkmuster.

Hält an Zielvorstellungen unerbittlich fest; lässt sich nicht abwimmeln; Wahl zwischen Angst und Aggression; oft chronisch instabile Existenz; Vorliebe für Zerfallsprozesse (mag meist gerne Abbruchhäuser u. Ä.); Hang zum Morbiden; als Gegner unangenehm und nachtragend; «kontraphobisch»; «Bulldoggengrad»; oft charmante «Exoten» und Einzelgänger, die man nicht unterschätzen sollte; Angstbeißer; radikal aus Prinzip. Oder «Friedensengel», Ablehnung jeder Form von Aggression und Gewalttätigkeit. Wirkt dann unnatürlich «lieb».

23–24 Merkur + Venus

(23,5 Grad kardinal: Merkur + Zeichenherrscher; allerdings wirkt der Zeichenherrscher nur sehr schwach, es handelt sich nicht um eine vollwertige Konstellation.)

Häufig leptosome Erscheinung, braune Haare, wellig bis lockig; verfügt über ungewöhnliche Energiereserven; Neigung zu Konzentrationsstörungen; motorische Unruhe; «Fußwipper» und «Zappelphilipp»; oft große sprachliche Begabung; in Spannungssituationen immens gesteigerter Rededrang; braucht regelmäßige sportliche Betätigung, um physisch und psychisch gesund zu bleiben.

24–25 Saturn/Uranus

(gilt für alle kardinalen Zeichen)

Fähigkeit, in widersprüchlichen Lebenssituationen zu existieren; Hinweis auf Streit, Unvereinbarkeiten oder sogar Trennungstendenzen zwischen den Eltern im Zeitraum von Schwangerschaft und Geburt; Tendenz zu nervöser Überreizung, die häufig durch Mangel- und Fehlernährung noch unterstützt wird; oft «Kuhaugen»; gelegentlich Silberblick; muss sehr hoch gesteckte Ziele verwirklichen, um mit sich und dem Leben wirklich zufrieden zu sein; plötzlich wechselnde Stimmungen und Standpunkte; für andere «unberechenbar»; häufig phasenweise Vorliebe für Pastelltöne (rosé) und «Bonbonfarben». Überreiztes Nervensystem; Neigung zu chronischen Infektionen; Wachstumsstörungen; Erkrankungen des Herzens; nervöse Magenstörungen; bei Frauen: massiv gesteigerte Neigung zu Pilzerkrankungen; Tendenz, die eigenen Schwächen an anderen therapieren zu wollen; an ungeeigneten Bindungen festhalten, bis diese von einem Augenblick zum nächsten endgültig zerbrechen; Frigidität und Impotenz können sich in dauerhaften Partnerschaften ergeben – Ventil: Zufallsbekanntschaften in Übergangssituationen; im Extremfall: psychotische Angst vor dem Tod.

25–26 Neptun/Neptun/Neptun

(gilt für alle kardinalen Zeichen)

«Neurosegrad»; Aggressionshemmung, nachtragend, Flucht in den Schlaf; völlig fantasielos als Angstschutz oder im Gegenteil überschäumend schöpferisch, um die immense Anzahl seelischer Eindrücke zu bewältigen; graue Maus oder bunter Hund; häufige Erkältungen; mediale Begabung möglich. Interesse an Medizin. Häufig Konkurrenzsituation zu Geschwistern. Übermäßig langes Abhängigkeitsverhältnis von Eltern, Lehrern und Vorgesetzten. Bittet um Hilfe, ohne Ratschläge anzunehmen.

26–27 Venus/Pluto

(25,5–27 Grad kardinal: Zeichenherrscher/Pluto)

Archetypische Körperlichkeit; morbide Attraktivität, die «Venusfliegenfalle»; beliebt beim anderen Geschlecht.

27–28 Mond/Jupiter

(gilt für alle kardinalen Zeichen)

Ungeheure Glückserwartung an das Leben, die sich auch durch häufige Rückschläge nicht beirren lässt; chronischer Optimismus und depressive Neigungen können hier seltsame Mischungen eingehen; Protektion durch ältere Damen; oft erfolgreich; im Erfolg jedoch Gefahr, undankbar zu sein. Zu viel des Guten. Eine Nummer zu groß, Übertreibung.

28–29 Mond/Mars

(gilt für alle kardinalen Zeichen)

Ungeklärter Selbstbezug; Autoaggression; Ablehnung des Männlichen, leistungsorientiertes Empfinden. Fühlt sich schnell angegriffen. Flucht in «Arbeitswut», schnell beleidigt, kann dafür umso besser austeilen. Angst, Schwäche zu zeigen. In Belastungssituationen Neigung zu Schleimhautentzündungen. Im Extremfall: Schwankungen zwischen Panik und Aggression. Masochistische Neigungen in konstruktiver (über sich selbst hinauswachsen können) oder destruktiver Form.

Identität von Aggression und Empfinden; Konkurrenzorientierung; überdurchschnittlich ausgeprägte Neigung, sich von anderen seelisch verletzt zu fühlen. Auf alles, was als persönlicher Angriff interpretiert werden kann, reagieren die Nativen besonders empfindsam. Fähigkeit, die Schwachpunkte bei anderen zu erkennen.

Permanente Stresssituation, die es schwer macht, anderen etwas neidlos zu gönnen. Insbesondere bei Frauen Möglichkeit von Essstörungen, vor allem in der Pubertät: Luftschlucken, Magersucht, Bulimie, Fettsucht. Im Leben mehr erreichen, als dies anderen möglich ist. Dominante Mutterproblematik, erhöhte Verletzungsneigung, im Extremfall Neigung zur absichtlichen Selbstverletzung.

Skorpion

29–1 Venus/Pluto

Angst, festgelegt zu werden; kann nur schwer Verbindlichkeiten eingehen, da unangenehme und unvorhersehbare Konsequenzen befürchtet werden; «Standpunktlosigkeit» aus Selbsterhaltungstrieb.

1–2 Mars/Pluto, Pluto/Pluto, Saturn/Pluto

Hält an Zielvorstellungen unerbittlich fest; lässt sich nicht abwimmeln; Wahl zwischen Angst und Aggression; oft chronisch instabile Existenz; Vorliebe für Zerfallsprozesse (mag meist gerne Abbruchhäuser u. Ä.); Hang zum Morbiden; als Gegner unangenehm und nachtragend; «kontraphobisch»; «Bulldoggengrad»; oft charmante «Exoten» und Einzelgänger, die man nicht unterschätzen sollte; Angstbeißer; radikal aus Prinzip. Oder «Friedensengel», Ablehnung jeder Form von Aggression und Gewalttätigkeit. Wirkt dann unnatürlich «lieb».

♏

2–3 Sonne/Venus

(gilt für alle fixen Zeichen)

Die Liebe zum Männlichen; die Lebenslust; der künstlerische Vater; Unbekümmertheit, Bequemlichkeit, eitel, materialistisch. Interesse an Mode. Abneigung gegen anstrengende Arbeit. Künstlerische Neigungen und Fähigkeiten. Besondere Beziehung zur Mode, zu Farben und zur Malerei. In geringerem Maße gilt dies auch für die Musik.

Gesteigerte Genussfähigkeit: kaum zum Asketen und Abstinenzler geboren.

Oft geselligen Naturells, viele gesellschaftlich erfolgreiche Menschen haben diese Konstellation.
Manche Misanthropen weisen diese Konstellation auf. Persönliche Enttäuschungen können dazu führen, dass der Native sich bewusst aus dem sozialen Leben zurückzieht oder gar zum Eigenbrötler wird.
Oft äußert sich diese Konstellation jedoch weitaus weniger dramatisch: Die Nativen haben lediglich ein wenig exotische Umgangsformen und bemühen sich, von der Unterstützung anderer so unabhängig wie möglich zu sein.

3–4 Pluto/Pluto, Pluto/Pluto
(3–4 Grad fix: Plutoverbindung mit dem Zeichenherrscher, gleichzeitig doppelter Zeichenherrscher)
Zielstrebig und in wesentlichen Dingen unerbittlich; außergewöhnlicher Ehrgeiz bis hin zur Selbstschädigung; oft charismatische Ausstrahlung; fasziniert von Autorität und Macht; Hassliebe zum dominanten Vater.

4–5 Jupiter/Uranus + Mars
(gilt für alle fixen Zeichen)
♏ Neigt dazu, die eigenen Fähigkeiten und Möglichkeiten zu überschätzen, sodass sich hier häufig Protektion und Anerkennung durch andere schnell in Ablehnung verwandeln; Tendenz, anderen ihre Freiräume zu nehmen und dadurch seelische und/oder physische Verletzungen durch «Befreiungsschläge» zu erhalten: Bei dieser Konstellation sollte man sich deshalb in ganz besonderem Maße vor Überheblichkeit und Machtmissbrauch hüten. Echte Demut eröffnet hier die Möglichkeit, auch außergewöhnliche und scheinbar aussichtslose Projekte verwirklichen. Scheinbescheidenheit und manipulatives Verhalten um des Erfolges willen können verheerende Folgen haben.
Hinweis: Dieser Grad entspricht der Jupiterposition zum Zeitpunkt der massivem Kometeneinschläge auf diesem Planeten zwischen dem 18. und 22.7.1994.

5–6 Sonne/Jupiter

(gilt für alle fixen Zeichen)

«König sein», Körperfixierung; Identifizierung mit der eigenen physischen Attraktivität; Tendenz zu Mehrfachbeziehungen (aktiv oder passiv); manchmal materialistisch; braucht viel, um zufrieden zu sein; Neigung zum «Fettherz»; guter Chef, schlechter Mitarbeiter; überempfindlich gegen jegliche Form von Kritik; bei Männern: häufig Flucht ins Macho-Verhalten, um emotional unberührbar zu erscheinen. Wünsche und persönlichen Pläne werden außergewöhnlich schnell und effektiv umgesetzt. Beginn mit viel Energie, doch fehlt es oft an Geduld und Ausdauer.
Außergewöhnliches Selbstbewusstsein. Auch in ihrer Weltanschauung zukunftsorientierte Optimisten, aber auch depressive Schübe. Oft erstaunliche Weitsicht.

6–7 (Saturn/Pluto)/Uranus

(6,5 Grad fix: Zeichenherrscher/Saturn und Uranus)

Fähigkeit, in widersprüchlichen Lebenssituationen zu existieren; Hinweis auf Streit, Unvereinbarkeiten oder sogar Trennungstendenzen zwischen den Eltern im Zeitraum von Schwangerschaft und Geburt; Tendenz zu nervöser Überreizung, die häufig durch Mangel- und Fehlernährung noch unterstützt wird; oft «Kuhaugen»; gelegentlich Silberblick; muss sehr hoch gesteckte Ziele verwirklichen, um mit sich und dem Leben wirklich zufrieden zu sein; plötzlich wechselnde Stimmungen und Standpunkte; für andere «unberechenbar»; häufig phasenweise Vorliebe für Pastelltöne (rosé) und «Bonbonfarben». Überreiztes Nervensystem; Neigung zu chronischen Infektionen; Wachstumsstörungen; Erkrankungen des Herzens; nervöse Magenstörungen; bei Frauen: massiv gesteigerte Neigung zu Pilzerkrankungen; Tendenz, die eigenen Schwächen an anderen therapieren zu wollen; an ungeeigneten Bindungen festhalten, bis diese von einem Augenblick zum nächsten endgültig zerbrechen; Frigidität und Impotenz können sich in dauerhaften Partnerschaften ergeben – Ventil: Zufallsbekanntschaften in Übergangssituationen; im Extremfall: psychotische Angst vor dem Tod.

7–8 Venus/Venus

Schizophrenes Frauenbild bei Männern: entweder Heilige (Mütter und eventuell Ehefrauen) oder Huren (Sex-Partnerinnen); «Latin Lover»; schizophrenes Männerbild bei Frauen: entweder Beschützer (asexuelle Partner jeder Art) oder «Vergewaltiger»; Beziehungsunfähigkeit möglich; permanentes Nörgeln am Partner, da elementare Bedürfnisse unbefriedigt bleiben; allgemein: die eigenen Ängste nehmen im Partner Gestalt an.

8–9 Jupiter/Uranus

(gilt für alle fixen Zeichen)

Nesthäkchen; Hans im Glück; «der Aszendent von Gustav Gans aus Entenhausen»; ist so sehr an glückliche Wendungen und unerwartete Unterstützung gewöhnt, dass die Gefahr besteht, dies als selbstverständlich zu betrachten bzw. gar nicht mehr wahrgenommen zu werden – hier kommt dann jedoch «Hochmut vor dem Fall»: plötzliche Zusammenbrüche scheinbar gesicherter Optionen führen zu Ernüchterung; grundsätzlich positive Lebenseinstellung; «Stehaufmännchen», kann sich auch nach größten Niederlagen wieder erfolgreich emporarbeiten; muss lernen, die Dinge im Fluss zu lassen («free flow»), ohne dabei nachlässig und faul zu werden, da ansonsten Verlust- und Existenzängste sehr heftig Raum greifen können («stuck»).

9–10 Venus

(gilt für alle fixen Zeichen)

Leidenschaftsgrad; sinnlich und genusssüchtig; essen als erotisches Erlebnis; ausgeprägte Fähigkeit, anderen zu gefallen. Vor allem bei Frauen: «Objekt der Begierde»; oft faul und passiv. Braucht die Gesellschaft von anderen. Oft hilfsbereit, aber auch bequem. Oft angenehme Stimme. Wirkt auf irgendeine Weise immer außergewöhnlich anziehend. Sollte beruflich auch als Selbstständiger mit einem Partner arbeiten. Sucht die große Liebe, mit hohem und oft naiv-unrealistischem Anspruch. Findet deshalb oft erst spät im Leben den passenden Partner.

10–11 Uranus/Neptun
(gilt für alle fixen Zeichen)
Tendenz zu chronischer Überreizung des Nervensystems; gelegentlich Suchtproblematik; neigt zu für die Umwelt unberechenbaren Reaktionen; spontan bis distanzlos; in jedem Sinn des Wortes «zu allem fähig»; mentale Defekte ergeben sich hier genauso wie Ausnahmebegabungen, die sich meist auf wenige Bereiche beschränken; Bedürfnis nach Radikalität; möchte ohne Halbheiten leben; permanente Selbstvorwürfe mit größenwahnsinnigen Einschüben aus diesem Grund.
Extremer Fantasiereichtum; Hang zum Weltfremden; in der Geschwisterfolge oft der Nachzügler; passt in kein Schema; Tagträume als Lebensersatz; manchmal depressive oder ängstliche Neigungen; in mehr als einer Hinsicht eine ungewöhnliche Persönlichkeit; «Märchenerzählerkonstellation». Sucht immer das Außergewöhnliche. Ist schnell gelangweilt, mag keine Routinearbeiten, Probleme den Alltag zu bewältigen. Unlogisch und selbstverliebt. Probleme, Angefangenes zu Ende zu führen. Neigung zu Stoffwechselstörungen. Braucht, um gesund zu bleiben, sehr viel Bewegung. Hausspitze 7: überzogene Partnerschaftserwartungen, Beziehungsstörungen, Traum vom «Märchenprinzen». Eigene Schwächen auf das Gegenüber projizieren. Vom Idealismus nach Ernüchterung zu berechnendem Begegnungsverhalten. Versorgungsmentalität. Doublebind: Will zum Partner aufblicken können (insbesondere Frauen) aber gleichzeitig im Mittelpunkt stehen.

11–13 Jupiter + Pluto
(Alle 12er-Grade sind Jupiter-Grade mit einer Beimischung des Zeichenherrschers.)
Der «Überskorpion»; Triebbedürfnisse dominieren die Existenz; ansteckende Begeisterungsfähigkeit; robuste Körperabwehr; sucht nach der kosmischen Wahrheit; wünscht sich den Lehrer, der alle Antworten weiß, oder möchte es selbst gerne sein.

13–14 Neptun/Pluto
(gilt für alle fixen Zeichen)
«Grausam schlägt das Schicksal zu – heute ich und morgen du.» Hang zum Dramatischen. Oft extremes Charisma. Interesse an Esoterik und Parapsychologie. Alles bestimmen wollen. Trägt Verantwortung für andere. Hang zur Selbstausbeutung. Die Urgewalt, alles geschieht gleichzeitig. Eine Biografie voller Zäsuren. Kampf gegen das Schicksal. Geht sehr enge, ambivalente Beziehungen ein. Bestimmt von Machtthemen. Muss lernen, «loszulassen». Neigt zu Verschwörungstheorien.
Interesse an sozialen Themen oder was man dafür hält; lehrt und belehrt gerne; oft Bezug zu Rechtsfragen; möchte für andere entscheiden; die Beziehung zum persönlichen Umfeld ist wichtiger als die Bindung an die Familie; unbewusste Suche nach den «Gesetzen der Philosophie»; Angst vor den eigenen Subjektivismen, möchte die eigenen Themen generalisieren; Tendenz zu chronischen Dickdarmerkrankungen im Alter.

14–16 Venus/Pluto
Der Höhepunkt der Körperlichkeit – kann umschlagen in die Opferung der körperlichen Substanz bzw. des materiellen Bestandes; Engagement ohne «return of investment»; Masochismus, passive Leidenschaft (vgl. Mars/Pluto: aktive Leidenschaft); Prinzipien ausgeliefert sein; Eifersucht; Charisma; nur an Geld denken; «Blut und Boden»-Mentalität; Unbedingtheitsanspruch in Partnerschaften: «alles oder nichts»; fest in die Sippentradition eingebunden, ob man will oder nicht; morbide Attraktivität: die «Venusfliegenfalle»; extreme Eifersucht, der Partner als persönlicher Besitz; Kompensation: Aufopferung für den Partner.

♏

16–17 Merkur/Pluto
(gilt für alle fixen Zeichen)
Liebt Ordnung und Eindeutigkeit; Neigung zum technischen Zeichnen; Grafiker- und Architektenkonstellation; hat oft erhebliche Schwierigkeiten im Transferdenken; muss Dinge immer mit den genau gleichen Worten erklärt bekommen; meist sehr gutes,

vor allem optisches Gedächtnis (für Dinge, die interessieren); Neigung zu Zwangsvorstellungen, die jedoch in aller Regel harmlos sind; abergläubisch: wenn X nicht geklappt hat, kann Y ja auch nur schief gehen; durch Worte beeindruckbarer als andere; in seltenen Fällen Anlage zu Krebserkrankungen von Speise- und Luftröhre.

17–18 Mond/Pluto
(gilt für alle fixen Zeichen)
Ausgeprägtes emotionales Geltungsbedürfnis; Liebe durch Leistung; problematisches Verhältnis zur Mutter: deren Unerfülltheit sollte vom Kind kompensiert werden; die Mutter war eine «Hexe»; Hinweis auf psychische Erkrankung der Mutter; häufig Indiz für Gehörschäden, meist durch Mittelohrentzündung verursacht.

18–19 Venus + Pluto
(Alle 18er-Grade sind Venus-Grade mit einer Beimischung des Zeichenherrschers.)
Ästhet; oft hübsch; Vorliebe für Nippes; kunsthandwerkliche Begabung; bei Frauen: Gefahr, sich «zu gut» für die Männer zu sein; Prinzessin auf der Erbse.

19–20 Uranus/Neptun
(gilt für alle fixen Zeichen)

Mächtigster Grad des Tierkreises, der meist mehr Energie zur Verfügung stellt, als seelisch bewältigt werden kann; Passivität durch «Energieschock», der in Lähmung umschlägt; Tendenz zu chronischer Überreizung des Nervensystems; gelegentlich Suchtproblematik; neigt zu für die Umwelt unberechenbaren Reaktionen; spontan bis distanzlos; in jedem Sinn des Wortes «zu allem fähig»; mentale Defekte ergeben sich hier genauso wie Ausnahmebegabungen, die sich meist auf wenige Bereiche beschränken.
Extremer Fantasiereichtum; Hang zum Weltfremden; in der Geschwisterfolge oft der Nachzügler; passt in kein Schema; Tagträume als Lebensersatz; manchmal depressive oder ängstliche Neigungen; in mehr als einer Hinsicht eine ungewöhnliche Persönlichkeit; «Märchenerzählerkonstellation». Sucht immer das Außerge-

wöhnliche. Ist schnell gelangweilt, mag keine Routinearbeiten, hat Probleme, den Alltag zu bewältigen. Unlogisch und selbstverliebt. Probleme, Angefangenes zu Ende zu führen. Neigung zu Stoffwechselstörungen. Braucht, um gesund zu bleiben, sehr viel Bewegung. Hausspitze 7: überzogene Partnerschaftserwartungen, Beziehungsstörungen, Traum vom «Märchenprinzen». Eigene Schwächen auf das Gegenüber projizieren. Vom Idealismus nach Ernüchterung zu berechnendem Begegnungsverhalten. Versorgungsmentalität. Doublebind: Will zum Partner aufblicken können (insbesondere Frauen), aber gleichzeitig im Mittelpunkt stehen.

20–21 Venus
(gilt für alle fixen Zeichen)
Leidenschaftsgrad; sinnlich und genusssüchtig; essen als erotisches Erlebnis; ausgeprägte Fähigkeit, anderen zu gefallen. Vor allem bei Frauen: «Objekt der Begierde»; oft faul und passiv. Braucht die Gesellschaft von anderen. Oft hilfsbereit, aber auch bequem. Oft angenehme Stimme. Wirkt auf irgendeine Weise immer außergewöhnlich anziehend. Sollte beruflich auch als Selbstständiger mit einem Partner arbeiten. Sucht die große Liebe, mit hohem und oft naiv-unrealistischem Anspruch. Findet deshalb oft erst spät im Leben den passenden Partner.

21–22 Sonne/Mars
(gilt für alle fixen Zeichen)
In vielen Fällen wahre Energiebündel, eher Sprinter als Dauerläufer. Emotionale Bedürfnisse und Handlungsantrieb sind oft so intensiv, dass sie unmittelbar in die Tat umgesetzt werden müssen. Beispiel Nahrungsaufnahme: Wenn sich Hunger einstellt, so ist dieser vielfach derart heftig, dass unverzüglich etwas gegessen werden muss, da sich sonst Schwächezustände und ähnliche unangenehme Empfindungen einstellen. Viele Sonne-Mars-Geborene sind daher auch so genannte Schlinger, die ihre Mahlzeit oft schneller vertilgen, als die Menschen in ihrer Umgebung zuschauen können.
Geduld ist ihre starke Seite nicht, und wenn sie etwas später als gewünscht bekommen, ist es oft schon fast wertlos für sie.

Ausgeliefertsein an subjektive Bedürfnisse, die nur schwer diszipliniert oder unterdrückt werden können.
Fähigkeit zu einem außerordentlich starken Engagement, wenn es darum geht, kurzfristig alle verfügbaren Energien freizusetzen. Manchmal extreme Erschöpfungszustände, die oft mit aggressiver, depressiver oder cholerischer Überreizung gepaart sind.

22–23 Venus/Jupiter

Extreme Glückserwartung und Begeisterungsfähigkeit, die jedoch schnell in Enttäuschung umschlagen; manchmal Störungen des Fettstoffwechsels.
Beliebt, kommt gut an oder wird wegen Eitelkeit und Selbstüberschätzung abgelehnt. Sucht häufig Selbstbestätigung über die Sexualität, bis hin zu Suchtverhalten (Bill Clinton). Benötigt viele soziale Kontakte. Braucht den Partner, um erfolgreich zu sein. Bei Männern oft chronische Fremdgänger («Don Juan-Syndrom»). Bei Frauen: vom hässlichen Entlein zum Schwan, tut alles für die eigene Schönheit. Oft sehr egoistisch, kommt dann mit nachlassender/m Attraktivität bzw. Einfluss immer schlechter zurecht. Guter Lügner. Oft sozial engagiert. Geschäftssinn und Karriereplanung oder im Gegenteil in den Tag hineinleben und darauf warten, «entdeckt» zu werden. Tut alles, um geliebt zu werden, wobei Liebe oft mit Bewunderung verwechselt wird.

23–24 Saturn/Uranus

(gilt für alle fixen Zeichen)

Fähigkeit, in widersprüchlichen Lebenssituationen zu existieren; Hinweis auf Streit, Unvereinbarkeiten oder sogar Trennungstendenzen zwischen den Eltern im Zeitraum von Schwangerschaft und Geburt; Tendenz zu nervöser Überreizung, die häufig durch Mangel- und Fehlernährung noch unterstützt wird; oft «Kuhaugen»; gelegentlich Silberblick; muss sehr hoch gesteckte Ziele verwirklichen, um mit sich und dem Leben wirklich zufrieden zu sein; plötzlich wechselnde Stimmungen und Standpunkte; für andere «unberechenbar»; häufig Vorliebe für starke Farbkontraste (schwarz/weiß o.Ä.).

Neigung zu chronischen Infektionen; Wachstumsstörungen; Erkrankungen des Herzens; nervöse Magenstörungen; bei Frauen: massiv gesteigerte Neigung zu Pilzerkrankungen; Tendenz, die eigenen Schwächen an anderen therapieren zu wollen; an ungeeigneten Bindungen festhalten, bis diese von einem Augenblick zum nächsten endgültig zerbrechen; Frigidität und Impotenz können sich in dauerhaften Partnerschaften ergeben – Ventil: Zufallsbekanntschaften in Übergangssituationen; im Extremfall: psychotische Angst vor dem Tod.

24–25 Sonne/Jupiter

(gilt für alle fixen Zeichen)

«König sein», Körperfixierung; Identifizierung mit der eigenen physischen Attraktivität; Tendenz zu Mehrfachbeziehungen (aktiv oder passiv); manchmal materialistisch; braucht viel, um zufrieden zu sein; Neigung zum «Fettherz»; guter Chef, schlechter Mitarbeiter; überempfindlich gegen jegliche Form von Kritik; bei Männern: häufig Flucht ins Macho-Verhalten, um emotional unberührbar zu erscheinen. Wünsche und persönlichen Pläne werden außergewöhnlich schnell und effektiv umgesetzt. Beginn mit viel Energie, doch fehlt es oft an Geduld und Ausdauer.

Außergewöhnliches Selbstbewusstsein. Auch in ihrer Weltanschauung zukunftsorientierte Optimisten, aber auch depressive Schübe. Oft erstaunliche Weitsicht.

25–26 Mars/Saturn

(gilt für alle fixen Zeichen)

Besonderes Bedürfnis nach gesellschaftlicher Anerkennung für die eigenen Leistungen. Oft außergewöhnlich ehrgeizig. Sowohl im Beruf als auch sportlich.

Im persönlichen Umgang Durchsetzungsschwierigkeiten. Hemmung anderen allzu deutlich die eigenen Wünsche und Bedürfnisse mitzuteilen. Angst, ungewollt zu verletzen und Ablehnung zu provozieren.

Haben sie einmal »Blut geleckt«, gibt es fast nichts mehr, was sie von der Verfolgung ihres Zieles ablenken könnte.

26–27 Saturn/Pluto, (Uranus/Pluto)

(gilt für alle fixen Zeichen)

Unbeirrbar in Ziel, Überzeugung und Handeln; kann nur aus eigenen Fehlern lernen, da der Rat anderer nur selten ernst genommen und befolgt wird; oft konservative Einstellung; häufig Autorität, die Respekt einflößt oder gar Angst macht; Vorliebe für alle Formen von Lehrtätigkeit; Gefahr, ins Belehrende abzugleiten; bei unbefriedigender Lebenssituation wird man für Untergebene zum «Schleifer»; irrationale Ängste; braucht große Genauigkeit, um sich sicher zu fühlen; empfindet Unordnung als physische Bedrohung (auch wenn man diese selbst schafft); gelegentlich Tendenz zu Rückenleiden sowie allen Formen von Rheumatismus.

27–28 Merkur/Saturn/Uranus

«Querulantenkonstellation», «Zappelphilipp»; alles wollen und mit nichts zufrieden sein; hypermobile Gelenke; Neigung zu Sehnenscheidenentzündungen; «stecken gebliebener Ehrgeiz».
Fähigkeit, in widersprüchlichen Lebenssituationen zu existieren; Hinweis auf Streit, Unvereinbarkeiten oder sogar Trennungstendenzen zwischen den Eltern im Zeitraum von Schwangerschaft und Geburt; Tendenz zu nervöser Überreizung, die häufig durch Mangel- und Fehlernährung noch unterstützt wird; oft «Kuhaugen»; gelegentlich Silberblick; muss sehr hoch gesteckte Ziele verwirklichen, um mit sich und dem Leben wirklich zufrieden zu sein; plötzlich wechselnde Stimmungen und Standpunkte; für andere «unberechenbar»; häufig phasenweise Vorliebe für Pastelltöne (rosé) und «Bonbonfarben». Überreiztes Nervensystem; Neigung zu chronischen Infektionen; Wachstumsstörungen; Erkrankungen des Herzens; nervöse Magenstörungen; bei Frauen: massiv gesteigerte Neigung zu Pilzerkrankungen; Tendenz, die eigenen Schwächen an anderen therapieren zu wollen; an ungeeigneten Bindungen festhalten, bis diese von einem Augenblick zum nächsten endgültig zerbrechen; Frigidität und Impotenz können sich in dauerhaften Partnerschaften ergeben – Ventil: Zufallsbekanntschaften in Übergangssituationen.

28–29 Merkur/Uranus/Neptun

Extremer Fantasiereichtum; Hang zum Weltfremden; in der Geschwisterfolge oft der Nachzügler; passt in kein Schema; Tagträume als Lebensersatz; manchmal depressive oder ängstliche Neigungen; in mehr als einer Hinsicht eine ungewöhnliche Persönlichkeit. Man sucht immer das Außergewöhnliche. Ist schnell gelangweilt, mag keine Routinearbeiten, hat Probleme, den Alltag zu bewältigen. Unlogisch und selbstverliebt. Probleme, Angefangenes zu Ende zu führen. Neigung zu Stoffwechselstörungen. Braucht, um gesund zu bleiben, sehr viel Bewegung. Hausspitze 7: überzogene Partnerschaftserwartungen, Beziehungsstörungen, Traum vom «Märchenprinzen». Eigene Schwächen auf das Gegenüber projizieren. Vom Idealismus nach Ernüchterung zu berechnendem Begegnungsverhalten. Versorgungsmentalität. Doublebind: Will zum Partner aufblicken können (insbesondere Frauen), aber gleichzeitig im Mittelpunkt stehen.

Sich im selbst gestrickten Chaos verlieren, um dort zum Täter oder Opfer zu werden; Übergriffe; Handlungsvermeidung oder Fähigkeit zu Außergewöhnlichem.

Über Spitze 7: Gefahr, sich auf Affären einzulassen, die man später heftig bereut.

Schütze

29–1 Jupiter/Pluto

Expansives Vorstellungsvermögen; andere überzeugen wollen; Hang zur Selbstüberschätzung; Bedürfnis nach besonderer Anerkennung bei gleichzeitiger Angst davor; Gefahr des übersteigerten Wunschdenkens. Der «religiöse Wahn».

1–2 Mars/Jupiter

(gilt für alle beweglichen Zeichen)

«Schiedsrichterkonstellation»: mischt sich gern ein; unbeirrbar in den eigenen Bedürfnissen und Interessen; nur mäßig beeindruckbar durch die Manipulationsversuche anderer, gleichzeitig jedoch oft Angst vor Vorgesetzten; selbst meist guter Vorgesetzter, aber schlechter Teamarbeiter; gesteigerter Drang zu Fernreisen; bei Alkoholmissbrauch starke Neigung zu Leberabszessen; evtl. Tendenz zu Erkrankungen der Bauchspeicheldrüse im Zusammenhang mit Röststoff- und Koffeinunverträglichkeit (Kaffee, Tee).

2–3 Saturn/Neptun

(gilt für alle beweglichen Zeichen)

Leberpunkt (hauptsächlich über Spitze 6); alle Formen von Nekrose bei entsprechender Disposition möglich; alle Zerfalls- und Auflösungsprozesse; Zwang, sich mit der Wahrheit auseinander zu setzen; mangelnde Wahrheitsliebe.

3–4 Sonne/Neptun

Antriebsschwäche; ausgeprägte Motivationslöcher; manchmal Suchtneigung und Medikamentenmissbrauch; extreme Erschöpfungszustände nach Stresssituationen; «schläft das Wochenende durch»; fantasiearm, aber dennoch Tendenz zu Angstzuständen.

4–5 Neptun/Neptun/Neptun

(gilt für alle beweglichen Zeichen)

«Neurosegrad»; Flucht in den Schlaf; völlig fantasielos als Angstschutz oder im Gegenteil überschäumend schöpferisch, um die immense Anzahl seelischer Eindrücke zu bewältigen; graue Maus oder bunter Hund; häufige Erkältungen; mediale Begabung möglich.

5–6 Saturn/Uranus

(gilt für alle beweglichen Zeichen)

Fähigkeit, in widersprüchlichen Lebenssituationen zu existieren; Hinweis auf Streit, Unvereinbarkeiten oder sogar Trennungstendenzen zwischen den Eltern im Zeitraum von Schwangerschaft und Geburt; Tendenz zu nervöser Überreizung, die häufig durch Mangel- und Fehlernährung noch unterstützt wird; oft «Kuhaugen»; gelegentlich Silberblick; muss sehr hoch gesteckte Ziele verwirklichen, um mit sich und dem Leben wirklich zufrieden zu sein; plötzlich wechselnde Stimmungen und Standpunkte; für andere «unberechenbar»; häufig phasenweise Vorliebe für Pastelltöne (rosé) und «Bonbonfarben». Überreiztes Nervensystem; Neigung zu chronischen Infektionen; Wachstumsstörungen; Erkrankungen des Herzens; nervöse Magenstörungen; bei Frauen: massiv gesteigerte Neigung zu Pilzerkrankungen; Tendenz, die eigenen Schwächen an anderen therapieren zu wollen; an ungeeigneten Bindungen festhalten, bis diese von einem Augenblick zum nächsten endgültig zerbrechen; Frigidität und Impotenz können sich in dauerhaften Partnerschaften ergeben – Ventil: Zufallsbekanntschaften in Übergangssituationen; im Extremfall: psychotische Angst vor dem Tod.

6–7 Merkur

(gilt für alle beweglichen Zeichen)

Häufig leptosome Erscheinung, braune Haare, wellig bis lockig; verfügt über ungewöhnliche Energiereserven; Neigung zu Konzentrationsstörungen; motorische Unruhe; «Fußwipper» und «Zappelphilipp»; oft große sprachliche Begabung; braucht regelmäßige sportliche Betätigung, um physisch und psychisch gesund zu bleiben.

7–8 Merkur/Pluto

Liebt Ordnung und Eindeutigkeit; Neigung zum technischen Zeichnen; Grafiker- und Architektenkonstellation; hat oft erhebliche Schwierigkeiten im Transferdenken; muss Dinge immer mit den genau gleichen Worten erklärt bekommen; meist sehr gutes, vor allem optisches Gedächtnis (für Dinge, die interessieren); Neigung zu Zwangsvorstellungen, die jedoch in aller Regel harmlos sind; abergläubisch: wenn X nicht geklappt hat, kann Y ja auch nur schief gehen; durch Worte beeindruckbarer als andere; in seltenen Fällen Anlage zu Krebserkrankungen von Speise- und Luftröhre.

8–9 Sonne/Jupiter

«König sein», Körperfixierung; Identifizierung mit der eigenen physischen Attraktivität; Tendenz zu Mehrfachbeziehungen (aktiv oder passiv); manchmal materialistisch; braucht viel, um zufrieden zu sein; Neigung zum «Fettherz»; guter Chef, schlechter Mitarbeiter; überempfindlich gegen jegliche Form von Kritik; bei Männern: häufig Flucht ins Macho-Verhalten, um emotional unberührbar zu erscheinen. Wünsche und persönliche Pläne werden außergewöhnlich schnell und effektiv umgesetzt. Beginn mit viel Energie, doch fehlt es oft an Geduld und Ausdauer.
Außergewöhnliches Selbstbewusstsein. Auch in ihrer Weltanschauung zukunftsorientierte Optimisten, aber auch depressive Schübe. Oft erstaunliche Weitsicht.

9–10 Venus/Neptun

(gilt für alle beweglichen Zeichen)

Nierenschwäche; Romantiker; künstlerische Begabung; Abgrenzungsprobleme; Aufforderung, ausgenutzt zu werden, insbesondere bei Frauen; Hingabeangst, daher Tendenz zu «illegalen» Liebschaften (verheiratete Partner etc.). Gefahr Opfer von «Heiratsschwindlern» zu werden. Durch Fehleinschätzungen von Partnern und Freunden, wachsende Enttäuschung und Misstrauen.

10–11 Mond/Venus

(gilt für alle kardinalen und beweglichen Zeichen)

Hingabefähig; optimistisch; oft charmant; außergewöhnlich erotische Ausstrahlung, insbesondere bei Frauen; emotional labil, ohne dass dies der Umwelt auffallen müsste; hat von der Mutter gelernt, wie man sich nicht gibt (die Mutter als abschreckendes Beispiel); oft in großem Maße durch die Meinung anderer beeinflussbar; kann über Gefühle leicht manipuliert werden; vielfach außergewöhnlich gutmütig, was jedoch bei Missbrauch in verblüffende Aggressivität umschlagen kann; manchmal Neigung zu Passivität, indem man wichtige Entscheidungen anderen (vor allem dem Partner) überlässt.

11–13 Jupiter + Jupiter

(Alle 12er-Grade sind Jupiter-Grade mit einer Beimischung des Zeichenherrschers)

Der «Überschütze»; schwankt zwischen Jovialität und Kleinmütigkeit, zwischen Großspurigkeit und Depression; oft körperlich auffällig (besonders attraktiv oder das Gegenteil davon).

13–14 Sonne/Mars

(gilt für alle beweglichen Zeichen)

In vielen Fällen wahre Energiebündel, eher Sprinter als Dauerläufer. Emotionale Bedürfnisse und Handlungsantrieb sind oft so intensiv, dass sie unmittelbar in die Tat umgesetzt werden müssen. Beispiel Nahrungsaufnahme: Wenn sich Hunger einstellt, so ist dieser vielfach derart heftig, dass unverzüglich etwas gegessen werden muss, da sich sonst Schwächezustände und ähnliche unangenehme Empfindungen einstellen.

Geduld ist ihre starke Seite nicht, und wenn sie etwas später als gewünscht bekommen, ist es oft schon fast wertlos für sie.

Ausgeliefertsein an subjektive Bedürfnisse, die nur schwer diszipliniert oder unterdrückt werden können.

Fähigkeit zu einem außerordentlich starken Engagement, wenn es darum geht, kurzfristig alle verfügbaren Energien freizusetzen.

Manchmal extreme Erschöpfungszustände, die oft mit aggressiver, depressiver oder cholerischer Überreizung gepaart sind.

14–16 Merkur/Jupiter

Kann viel reden, ohne etwas zu sagen; Fähigkeit, analytisches und synthetisches Denken zusammenzubringen; geistige Blähungen; Tendenz zum Schwafeln; Interesse an Rechtsfragen, Philosophie oder Religion; reiselustig; Begabung zum Schreiben; liebt das Pathos; Anerkennung durch Rede und Schrift; Stoffwechselstörungen im Darmbereich (besonders Zwillinge: Enzymstörungen im Dünndarmbereich).

16–17 Sonne/Pluto

(gilt für alle beweglichen Zeichen)

Alles bestimmen wollen. Trägt Verantwortung für andere. Hang zur Selbstausbeutung. Die Urgewalt, alles geschieht gleichzeitig. Eine Biografie voller Zäsuren. Kampf gegen das Schicksal. Geht sehr enge, ambivalente Beziehungen ein. Bestimmt von Machtthemen. Muss lernen, «loszulassen». «Der Pate». Zieht seine Fäden im Hintergrund oder lässt sich durch scheinbar hehre Ziele ausnutzen und missbrauchen.

17–18 Sonne/Merkur

(gilt für alle beweglichen Zeichen)

Muss über seine Empfindungen reden; «Gefühlezeiger»; manchmal Hinweis auf Koordinationsstörungen aller Art; gesteigerte Tendenz zu Infektionskrankheiten, Cellulite, Ödemen; gelegentlich Hinweis auf außergewöhnliche Körperbeherrschung bis hin zu artistischen Neigungen, aber auch Handlungslähmung. Oft nah am Wasser gebaut. Will durch Anpassung dominieren. Schwer zufrieden zu stellen. Detailverliebt. Angst vor Kontrollverlust. Fühlt sich unterbewertet. Selbstbestätigung durch Leistung und Unterordnung. Abhängig von Statussymbolen. Gibt zu viel auf die Meinung anderer.

18–19 Venus + Jupiter

(Alle 18er-Grade sind Venus-Grade mit einer Beimischung des Zeichenherrschers.)

Sinnlich und genusssüchtig; essen als erotisches Erlebnis; ausgeprägte Fähigkeiten, anderen zu schmeicheln.

19–20 Saturn/Pluto

(gilt für alle beweglichen Zeichen)

Konsequent in Ziel, Überzeugung und Handeln; kann nur aus eigenen Fehlern lernen, da der Rat anderer nur selten ernst genommen und befolgt wird; oft konservative Einstellung; häufig Autorität, die Respekt einflößt oder gar Angst macht; Vorliebe für alle Formen von Lehrtätigkeit; Gefahr, ins Belehrende abzugleiten; bei unbefriedigender Lebenssituation wird man für Untergebene zum «Schleifer»; irrationale Ängste, braucht große Genauigkeit, um sich sicher zu fühlen; empfindet Unordnung als physische Bedrohung (auch wenn diese selbst geschaffen wurde); extremer Gerechtigkeitssinn; lehnt Subjektivität ab.

20–21 Merkur/Mars

(gilt für alle beweglichen Zeichen)

Verbale Aggression; Schnelldenker; intellektuelle Ungeduld; «Halbstarkenkonstellation»; neigt zu Entzündungen der Gelenke und Bronchien; starker Bewegungsdrang; «die chronische Pubertät».

21–22 Mond/Sonne

(gilt für alle beweglichen Zeichen)

Diese Konstellation ist ein recht sicheres Zeichen für eine gewisse Naivität, die sich in einem eigentümlichen Urvertrauen in die Menschen und das Leben äußert. Dies weckt günstigenfalls die Beschützerinstinkte von Angehörigen und Freunden, die fürchten, dass die Nativen mit ihrer «Weltfremdheit» unter die Räder kommen könnten.

Tatsächlich begeben sich viele mit dieser Konstellation an einer Hauptachse vor allem in jungen Jahren gelegentlich in haarsträubend gefährliche Situationen. Allerdings geschieht dabei in den seltensten Fällen ein Unglück. So eigentümlich die Geborenen an das Leben und seine Herausforderungen heranzugehen scheinen, wäre es ein großer Fehler, sie zu unterschätzen. Der Erfolg gibt ihren unkonventionellen Vorgehensweisen nur allzu oft Recht.

Ausgesprochen gefühlsintensiv; heftige Emotionen; muss diese ausleben, um sich wohl und gesund zu fühlen. Drang nach körperlicher, sportlicher Betätigung Opfer eigener Stimmungsschwankungen. «Saisonarbeiter»: Wenn sie von einer Idee begeistert sind, können sie über Wochen und Monate sehr hart arbeiten und mit einem Minimum an Schlaf auskommen. In Phasen von Mutlosigkeit mag ihnen dann allerdings die kleinste Anstrengung zu viel sein.
Unmöglich, sich ihrer Ausstrahlung und ihren Stimmungen zu entziehen. Gelegentlich geht ihnen die Gefühlsachterbahn ihres Lebens selber ein wenig auf die Nerven.
Aggression; Schnelldenker; intellektuelle Ungeduld; «Halbstarkenkonstellation»; neigt zu Entzündungen der Gelenke und Bronchien; starker Bewegungsdrang; «die chronische Pubertät».

22–23 Merkur/Saturn

Flucht ins Intellektualisierende; wurde in der Kindheit viel allein gelassen; als Erwachsener geboren, altklug; möchte für sein Wissen und Können geliebt werden; inflexibel im Denken; Bedürfnis nach Ordnung und Klarheit; langsam und gründlich. Manchmal auch chaotisch.

23–24 Uranus/Pluto, Jupiter/Neptun

(gilt für alle beweglichen Zeichen)

«Ufo-Grad»; hebt geistig ab; dem Außergewöhnlichen und Exzentrischen intellektuell zugetan; lässt sich durch die Beeinflussungsversuche anderer nicht irritieren; Neigung zum Absurden, Wirklichkeitsfernen; Orientierungsschwäche; manchmal Konzentrationsstörungen, verliert gerne den Faden; «das Verfertigen der Gedanken beim Reden»; beschäftigt sich gern mit juristischen oder didaktischen Fragen (Jurist, Lehrer); gut im Unterrichten, selbst aber nur schwer belehrbar; er widmet den Angelegenheiten anderer die größte Aufmerksamkeit, mit denen er selbst Schwierigkeiten hat.
Die Auswirkungen sind auf der Jungfrau/Fische-Achse meist weniger dramatisch als auf der Zwillinge/Schütze-Achse.

24–25 Jupiter/Pluto + Jupiter

(24,5 Grad beweglich: Jupiter/Pluto + Zeichenherrscher)

Autistoide Neigungen: intensive zwischenmenschliche Kontakte, von denen man jedoch emotional relativ unberührt bleibt; ausgesprochen ambivalente, aber ausgeprägte Mutterbindung; hochfliegende Pläne, die mit großem persönlichen Einsatz verfolgt werden; Anfälle von Sinnlosigkeitsempfinden werden durch nervale Überpeitschung vermieden (Stress als Droge); kann für die Verwirklichung persönlicher Interessen «über Leichen gehen»; oft Hinweis auf offene oder latente Homo- bzw. Bisexualität.

25–26 Merkur/Uranus (+ Pluto), Saturn/Uranus

(gilt für alle beweglichen Zeichen)

Fähigkeit, in widersprüchlichen Lebenssituationen zu existieren; Hinweis auf Streit, Unvereinbarkeiten oder sogar Trennungstendenzen zwischen den Eltern im Zeitraum von Schwangerschaft und Geburt; Tendenz zu nervöser Überreizung, die häufig durch Mangel- und Fehlernährung noch unterstützt wird; oft «Kuhaugen»; gelegentlich Silberblick; muss sehr hoch gesteckte Ziele verwirklichen, um mit sich und dem Leben wirklich zufrieden zu sein; plötzlich wechselnde Stimmungen und Standpunkte; für andere «unberechenbar»; häufig phasenweise Vorliebe für Pastelltöne (rosé) und «Bonbonfarben». Überreiztes Nervensystem; Neigung zu chronischen Infektionen; Wachstumsstörungen; Erkrankungen des Herzens; nervöse Magenstörungen; bei Frauen: massiv gesteigerte Neigung zu Pilzerkrankungen; Tendenz, die eigenen Schwächen an anderen therapieren zu wollen; an ungeeigneten Bindungen festhalten, bis diese von einem Augenblick zum nächsten endgültig zerbrechen; Frigidität und Impotenz können sich in dauerhaften Partnerschaften ergeben – Ventil: Zufallsbekanntschaften in Übergangssituationen.

26–27 Jupiter/Neptun

(26,5 Grad beweglich: Zeichenherrscher/Neptun)

Schwächezustände aller Art; Überreaktion auf Medikamente; verträgt keine Konservierungsmittel; Asthma; allergische Erkrankun-

gen der Atemwege; Sauerstoffmangel bei der Geburt, im Extrem: «grün und blau geboren»; visionäres Denken, Probleme mit der Umsetzung; «intellektuelles Chamäleon»: kann die eigenen Ansichten gut verstecken; kann unbewusst auf andere so wirken, wie er gesehen werden möchte; Mangel an physischer Robustheit.
Nicht robust genug für dieses Leben; Flucht in Traum- und Fantasiewelten; manchmal psychische Gefährdung; oft massive Stoffwechselstörungen (Akne); widersprüchliche Persönlichkeitszüge, insbesondere im Erotischen: Vorliebe für «Machos» aller Art bei gleichzeitiger Ablehnung alles Männlichen (Emanzipationsanspruch) – für Männer gilt sinngemäß das Gleiche; Tendenz zu reden, ohne etwas zu sagen.

27–28 Mars/Saturn

(gilt für alle beweglichen Zeichen)

Besonderes Bedürfnis nach gesellschaftlicher Anerkennung der eigenen Leistungen. Oft außergewöhnlich ehrgeizig, sowohl im Beruf als auch sportlich.
Im persönlichen Umgang Durchsetzungsschwierigkeiten vorhanden. Hemmung, anderen allzu deutlich die eigenen Wünsche und Bedürfnisse mitzuteilen. Angst, ungewollt zu verletzen und Ablehnung zu provozieren.
Haben sie einmal «Blut geleckt», gibt es fast nichts, was sie von der Verfolgung ihres Zieles ablenken könnte.

28–29 Neptun/Neptun

(gilt für alle beweglichen Zeichen)

Nicht robust genug für dieses Leben; Flucht in Traum- und Fantasiewelten; manchmal psychische Gefährdung; oft massive Stoffwechselstörungen (Akne); widersprüchliche Persönlichkeitszüge, insbesondere im Erotischen: Vorliebe für «Machos» aller Art bei gleichzeitiger Ablehnung alles Männlichen (Emanzipationsanspruch) – für Männer gilt sinngemäß das Gleiche; Tendenz zu reden, ohne etwas zu sagen.
Spitze 6: Nahrungsmittelallergien, Vergiftungen, Überempfindlichkeit, Hypochondrie.

Steinbock

29–1 Jupiter/Saturn

Interesse an sozialen Themen oder was man dafür hält; lehrt und belehrt gerne; oft Bezug zu Rechtsfragen; möchte für andere entscheiden; die Beziehung zum persönlichen Umfeld ist wichtiger als die Bindung an die Familie; unbewusste Suche nach den «Gesetzen der Philosophie»; Angst vor den eigenen Subjektivismen, möchte die eigenen Themen generalisieren; Tendenz zu chronischen Dickdarmerkrankungen im Alter.

1–2 Mond/Uranus, Venus/Mars

(gilt für alle kardinalen Zeichen)

Emotional unberechenbar und leidenschaftlich; kontaktfreudig bis distanzlos; Tendenz zum Manisch-Depressiven; Schwankungen zwischen Lähmung und Überaktivität; manchmal Schilddrüsendysfunktion; konfliktfreudig, Sehnsucht nach permanenter Verliebtheit; oft Schwierigkeiten, zu einer geordneten Lebensweise zu finden; wenn andere Horoskopfaktoren dies bestätigen, können sich anorektische (magersuchtartige) Essstörungen ergeben; Neigung zum Raubbau an den eigenen Reserven, daher u. a. erhöhte Erkältungsanfälligkeit.

Spitze 10: im Beruf und in der allgemeinen Lebensführung Hin- und Hergerissensein, sich nicht entscheiden können.

2–3 Mond/Mars

(gilt für alle kardinalen Zeichen)

Ungeklärter Selbstbezug; Autoaggression; Ablehnung des Männlichen, leistungsorientiertes Empfinden. Fühlt sich schnell angegriffen. Flucht in «Arbeitswut», schnell beleidigt, kann dafür umso besser austeilen. Angst, Schwäche zu zeigen. In Belastungssituationen Neigung zu Schleimhautentzündungen. Im Extremfall: Schwankungen zwischen Panik und Aggression. Masochistische Neigungen in konstruktiver (über sich selbst hinauswachsen können) oder destruktiver Form.

Identität von Aggression und Empfinden; Konkurrenzorientierung; überdurchschnittlich ausgeprägte Neigung, sich von anderen seelisch verletzt zu fühlen. Auf alles, was als persönlicher Angriff interpretiert werden kann, reagieren die Nativen besonders empfindsam. Fähigkeit, die Schwachpunkte bei anderen zu erkennen.

Permanente Stresssituation, die es schwer macht, anderen etwas neidlos zu gönnen. Insbesondere bei Frauen Möglichkeit von Essstörungen, vor allem in der Pubertät: Luftschlucken, Magersucht, Bulimie, Fettsucht. Im Leben mehr erreichen, als dies anderen möglich ist. Dominante Mutterproblematik, erhöhte Verletzungsneigung, im Extremfall Neigung zur absichtlichen Selbstverletzung.

3–4 Mond/Neptun

(gilt für alle kardinalen Zeichen)

Seelische Betäubung, Wahrnehmungsverzerrung bzw. -betäubung. Extrem sensibilisierte Wahrnehmung. Vorgänge und Ereignisse vorausahnen, Intuition, Glücksspieler und Spekulant. Ausgeprägtes Wunschdenken.

Unpraktisch erscheinen. Romantiker, Stimmungen und Ansichten, die für persönliche Umwelt manchmal schwer nachvollziehbar sind. Sich mit künstlerischen Dingen, insbesondere der Malerei, beschäftigen. Empfindliches Nerven- und Lymphsystem. Neigung zu Hormonstörungen, vor allem Östrogenüberschuss oder -mangel.

4–5 Saturn/Uranus + Neptunfärbung (Saturn/Uranus)

(4,5 Grad kardinal: Zeichenherrscher/Uranus + Neptunfärbung

Hingabeschwäche (besonders bei Frauen); wider Willen «lieb» sein müssen mit entsprechender Ausrastungs-/Aggressions-Problematik; ausgeprägte innere Unruhe; Neigung zu diffusen Ängsten; insbesondere bei Männern gesteigerte Neigung zur Promiskuität; bei Mineralmangel deutliche Krampfneigung; Tendenz zu Neuralgien; übererregbar; Anlage zu allen Formen von Nervenerkrankungen; Entscheidungsschwäche; häufig jugendliche Erscheinung; Bruch im Elternhaus, widersprüchlicher Erziehungsstil beider Elternteile; innere Zerrissenheit, die zur kreativen Vereinigung von Widersprüchen herausfordert; wenn man sich nicht verzettelt außerordentliche Karrierefähigkeit.

5-6 Venus/Jupiter

(gilt für alle kardinalen Zeichen)

Beliebt, kommt gut an oder wird wegen Eitelkeit und Selbstüberschätzung abgelehnt. Sucht häufig Selbstbestätigung über die Sexualität, bis hin zu Suchtverhalten (Bill Clinton). Benötigt viele soziale Kontakte. Braucht den Partner, um erfolgreich zu sein. Bei Männern oft chronische Fremdgänger («Don Juan-Syndrom»). Bei Frauen: vom hässlichen Entlein zum Schwan, tut alles für die eigene Schönheit. Oft sehr egoistisch, kommt dann mit nachlassender/m Attraktivität bzw. Einfluss immer schlechter zurecht. Guter Lügner. Oft sozial engagiert. Geschäftssinn und Karriereplanung oder im Gegenteil in den Tag hineinleben und darauf warten, «entdeckt» zu werden.

6–7 Jupiter/Pluto + Saturn

(6,5 Grad kardinal: Jupiter/Pluto + Zeichenherrscher)

Autistoide Neigungen: intensive zwischenmenschliche Kontakte, von denen man jedoch emotional relativ unberührt bleibt; ausgesprochen ambivalente, aber ausgeprägte Mutterbindung; hochfliegende Pläne, die mit großem persönlichen Einsatz verfolgt werden; Anfälle von Sinnlosigkeitsempfinden werden durch nervale Überpeitschung vermieden (Stress als Droge); kann für seine

Karriere «über Leichen gehen»; oft Hinweis auf offene oder latente Homo- bzw. Bisexualität.

7–8 Mond/Jupiter

Ungeheure Glückserwartung an das Leben, die sich auch durch häufige Rückschläge nicht beirren lässt; chronischer Optimismus und depressive Neigungen können hier seltsame Mischungen eingehen; Protektion durch ältere Damen; oft erfolgreich; im Erfolg jedoch Gefahr, undankbar zu sein. «Der verzweifelte Komiker». Dennoch Chance zu besonderer Popularität und Erfolg. Depressiver, melancholischer und nachtragender Mensch, der dennoch häufig um seine eigene Persönlichkeitsentwicklung kämpft (Beispiele: Hermann Hesse, Ephraim Kishon). Intensives Verhältnis zur Mutter, das jedoch keineswegs positiv sein muss.

8–9 Mond/Merkur

(gilt für alle kardinalen Zeichen)

Muss reden oder schreiben, um sich emotional zu stabilisieren; das Kind einer konfliktscheuen und/oder nicht greifbaren Mutter; die Mitteilsamkeit steigt mit dem Grad der inneren Anspannung; muss seine Gefühle verbalisieren, um sie zu verstehen; im Extremfall: «Plaudertasche»; meint es immer nur gut und kann gerade dadurch anderen auf die Nerven gehen; Angst, sich emotional festzulegen, da dann die Folgen nicht überschaubar sind; oft schauspielerisches oder allgemein künstlerisches Talent; gelegentlich Neigung zu Hysterie und Hypochondrie; übernahm in der Geschwisterfolge oft die Rolle des «braven Kindes», die man dann ein Leben lang (durchaus erfolgreich) abzuschütteln sucht.

9–10 Venus/Mondknoten

(gilt für alle kardinalen Zeichen)

Kontaktathlet, kann sehr schnell Nähe zu anderen herstellen, die sich oft jedoch nicht bewährt bzw. zu komplizierten oder gar tragischen Verwicklungen führt. Erhöhte Suchtgefährdung. Macht sich das Leben unnötig kompliziert. Tendenz zu «schicksalhaften» Begegnungen. Kontakte zu Freunden und Partnern sind von außerordentlicher Wichtigkeit. Flucht in die Oberflächlichkeit als Risiko. Verführt durch Luxus und Statussymbole.

10–11 Mond/Venus
(gilt für alle kardinalen Zeichen)
Hingabefähig; optimistisch; oft charmant; außergewöhnlich erotische Ausstrahlung, insbesondere bei Frauen; emotional labil, ohne dass dies der Umwelt auffallen müsste; hat von der Mutter gelernt, wie man sich nicht gibt (die Mutter als abschreckendes Beispiel); oft in großem Maße durch die Meinung anderer beeinflussbar; kann über Gefühle leicht manipuliert werden; vielfach außergewöhnlich gutmütig, was jedoch bei Missbrauch in verblüffende Aggressivität umschlagen kann; manchmal Neigung zu Passivität, indem man wichtige Entscheidungen anderen (vor allem dem Partner) überlässt.

11–13 Jupiter + Saturn
(Alle 12er-Grade sind Jupiter-Grade mit einer Beimischung des Zeichenherrschers.)
Die Übersteigerung der Merkmale des Tierkreiszeichens: der «Übersteinbock»; «Scheinkreativitätsgrad»; kann das Wissen anderer optimal strukturieren und zusammenfassen; sucht nach einem Guru und/oder möchte selbst einer sein; Gefahr, sich in hochfliegenden Ideen zu verlieren, dann Verlust der Strukturierungsfähigkeit.

13–14 Sonne/Pluto
(gilt für alle kardinalen Zeichen)

Alles bestimmen wollen. Trägt Verantwortung für andere. Hang zur Selbstausbeutung. Die Urgewalt, alles geschieht gleichzeitig. Eine Biografie voller Zäsuren. Kampf gegen das Schicksal. Geht sehr enge, ambivalente Beziehungen ein. Bestimmt von Machtthemen. Muss lernen, «loszulassen». «Der Pate». Zieht seine Fäden im Hintergrund oder lässt sich durch scheinbar hehre Ziele ausnutzen und missbrauchen. Übertreibung: Autokrat oder «nützlicher Idiot».

14–16 Mond /Saturn

Depressive Veranlagung; emotionale Selbstdisziplin und Ehrgeiz; die ehrgeizige Mutter; gefühlsbeständig; Tendenz zur Untersäuerung des Magens; liebt die Abgrenzung und Zurückweisung; Geborgenheit durch Abweisung; massiv erhöhter Flüssigkeitsbedarf.

16–17 Pluto (+ Venus/Uranus)

(gilt für alle kardinalen Zeichen)

«Paranoiagrad». Extremes Misstrauen bei gleichzeitiger Naivität, bis hin zu Verfolgungswahn, Angstzuständen, Selbstüberschätzung und Minderwertigkeitskomplexen, orientiert sich zu sehr an anderen oder ist unzugänglich für Kritik. Liegen die Spitzen fallender Häuser auf diesem Grad, ist das manchmal ein Hinweis auf Persönlichkeitsstörungen, wie z.B. Borderline-Syndrom. Übergriffe als Lebensthema, «Opfer oder Täter». Nähe-Distanz-Störungen. Leidet mit zunehmendem Alter darunter, dass selbst gesteckte Ziele nicht erreicht wurden. Geltungssüchtig.

Muss harte Arbeit und die Auseinandersetzung mit Grenzsituationen sowie Machtfragen lernen. Wenn Selbstanspruch und Wirklichkeit zur Deckung kommen, kann sich eine charismatische Führungspersönlichkeit entwickeln.

17–18 Jupiter/Saturn

(gilt für alle kardinalen Zeichen)

Interesse an sozialen Themen oder was man dafür hält; lehrt und belehrt gerne; oft Bezug zu Rechtsfragen; möchte für andere entscheiden; die Beziehung zum persönlichen Umfeld ist wichtiger als die Bindung an die Familie; unbewusste Suche nach den «Gesetzen der Philosophie»; Angst vor den eigenen Subjektivismen, möchte die eigenen Themen generalisieren; Tendenz zu chronischen Dickdarmerkrankungen im Alter.

Muss reden. Schwer zufrieden zu stellen. Detailverliebt. Angst vor Kontrollverlust. Fühlt sich unterbewertet. Selbstbestätigung durch Leistung und Unterordnung. Abhängig von Statussymbolen. Gibt zu viel auf die Meinung anderer.

18–19 Venus + Saturn
(Alle 18er-Grade sind Venus-Grade mit einer Beimischung des Zeichenherrschers.)
Ästhet; oft hübsch; begeisterungsfähig, aber auch spröde; Ausdauer in persönlichen Partnerschaften; zurückhaltend, braucht lange, um persönliche Enttäuschungen zu überwinden; «Strohfeuerkonstellation»; bei Frauen: Gefahr, sich «zu gut» für die Männer zu sein; Prinzessin auf der Erbse; «Playboykonstellation».

19–20 Mond/Venus
(gilt für alle kardinalen Zeichen)
Hingabefähig; optimistisch; oft charmant; außergewöhnlich erotische Ausstrahlung, insbesondere bei Frauen; emotional labil, ohne dass dies der Umwelt auffallen müsste; hat von der Mutter gelernt, wie man sich nicht gibt (die Mutter als abschreckendes Beispiel); oft in großem Maße durch die Meinung anderer beeinflussbar; kann über Gefühle leicht manipuliert werden; vielfach außergewöhnlich gutmütig, was jedoch bei Missbrauch in verblüffende Aggressivität umschlagen kann; manchmal Neigung zu Passivität, indem man wichtige Entscheidungen anderen (vor allem dem Partner) überlässt.

20–21 Venus/Saturn
(gilt für alle kardinalen Zeichen)
Ehrgeizig, ausdauernd und konsequent in der Verfolgung selbst gesteckter Ziele; plant langfristig; nur das, was mühsam erarbeitet wurde, ist etwas wert; sucht die gesellschaftliche Anerkennung; im Partnerschaftsverhalten meist treu, jedoch gelegentlich etwas unterkühlt; mag sich nicht mit Banalitäten abgeben; braucht vielleicht länger als andere, um Entscheidungen zu fällen und Entschlüsse zu fassen, diese sind dann in der Regel allerdings unwiderruflich; hat meist wenig Menschenkenntnis und wird deshalb in einigen seltenen Fällen das Opfer von Hochstaplern.

21–22 Sonne/Merkur
(gilt für alle kardinalen Zeichen)
Die Rede des Herrschers; über Taten sprechen.

Muss über seine Empfindungen reden; «Gefühlezeiger»; manchmal Hinweis auf Koordinationsstörungen aller Art; gesteigerte Tendenz zu Infektionskrankheiten, Cellulite, Ödemen; gelegentlich Hinweis auf außergewöhnliche Körperbeherrschung bis hin zu artistischen Neigungen, aber auch Handlungslähmung. Oft nah am Wasser gebaut. Will durch Anpassung dominieren. Schwer zufrieden zu stellen. Detailverliebt. Angst vor Kontrollverlust. Fühlt sich unterbewertet. Selbstbestätigung durch Leistung und Unterordnung. Abhängig von Statussymbolen. Gibt zu viel auf die Meinung anderer.

22–23 Mond/Uranus

Hingabeschwäche (besonders bei Frauen); wider Willen «lieb» sein müssen mit entsprechender Ausrastungs-/Aggressions-Problematik; ausgeprägte innere Unruhe; Neigung zu diffusen Ängsten; bei Mineralmangel deutliche Krampfneigung; Tendenz zu Neuralgien; übererregbar; Anlage zu allen Formen von Nervenerkrankungen; Entscheidungsschwäche; häufig jugendliche Erscheinung; nervöser Reizmagen; Berührungsängste; Angst, durch Zuwendung gekauft zu werden, äußerst gespaltenes Verhältnis zur Mutter; Tendenz zu paradoxen Reaktionen (aggressiv gegenüber Menschen, die man mag, freundlich gegenüber Personen, die man ablehnt etc.).

23–24 Merkur + Saturn

(23,5 Grad kardinal: Merkur + Zeichenherrscher; allerdings wirkt der Zeichenherrscher nur sehr schwach, es handelt sich nicht um eine vollwertige Konstellation.)

Häufig leptosome Erscheinung, braune Haare, wellig bis lockig; verfügt über ungewöhnliche Energiereserven; Neigung zu Konzentrationsstörungen; motorische Unruhe; «Fußwipper» und «Zappelphilipp»; oft große sprachliche Begabung; in Spannungssituationen immens gesteigerter Rededrang; braucht regelmäßige sportliche Betätigung, um physisch und psychisch gesund zu bleiben.

24–25 Saturn/Uranus

(gilt für alle kardinalen Zeichen)

Fähigkeit, in widersprüchlichen Lebenssituationen zu existieren;

Hinweis auf Streit, Unvereinbarkeiten oder sogar Trennungstendenzen zwischen den Eltern im Zeitraum von Schwangerschaft und Geburt; Tendenz zu nervöser Überreizung, die häufig durch Mangel- und Fehlernährung noch unterstützt wird; oft «Kuhaugen»; gelegentlich Silberblick; muss sehr hoch gesteckte Ziele verwirklichen, um mit sich und dem Leben wirklich zufrieden zu sein; plötzlich wechselnde Stimmungen und Standpunkte; für andere «unberechenbar»; häufig phasenweise Vorliebe für Pastelltöne (rosé) und «Bonbonfarben». Überreiztes Nervensystem; Neigung zu chronischen Infektionen; Wachstumsstörungen; Erkrankungen des Herzens; nervöse Magenstörungen; bei Frauen: massiv gesteigerte Neigung zu Pilzerkrankungen; Tendenz, die eigenen Schwächen an anderen therapieren zu wollen; an ungeeigneten Bindungen festhalten, bis diese von einem Augenblick zum nächsten endgültig zerbrechen; Frigidität und Impotenz können sich in dauerhaften Partnerschaften ergeben – Ventil: Zufallsbekanntschaften in Übergangssituationen; im Extremfall: psychotische Angst vor dem Tod.

25–26 Neptun/Neptun/Neptun
(gilt für alle kardinalen Zeichen)
«Neurosegrad»; Aggressionshemmung, nachtragend, Flucht in den Schlaf; völlig fantasielos als Angstschutz oder im Gegenteil überschäumend schöpferisch, um die immense Anzahl seelischer Eindrücke zu bewältigen; graue Maus oder bunter Hund; häufige Erkältungen; mediale Begabung möglich. Interesse an Medizin. Häufig Konkurrenzsituation zu Geschwistern. Übermäßig langes Abhängigkeitsverhältnis von Eltern, Lehrern und Vorgesetzten. Bittet um Hilfe, ohne Ratschläge anzunehmen.

26–27 Saturn/Pluto
Konsequent in Ziel, Überzeugung und Handeln; kann nur aus eigenen Fehlern lernen, da der Rat anderer nur selten ernst genommen und befolgt wird; oft konservative Einstellung; häufig Autorität, die Respekt einflößt oder gar Angst macht; Vorliebe für alle Formen von Lehrtätigkeit; Gefahr, ins Belehrende abzuglei-

ten; bei unbefriedigender Lebenssituation wird man für Untergebene zum «Schleifer»; irrationale Ängste, braucht große Genauigkeit, um sich sicher zu fühlen; empfindet Unordnung als physische Bedrohung (auch wenn diese selbst geschaffen wurde); extremer Gerechtigkeitssinn; lehnt Subjektivität ab.

27–28 Mond/Jupiter
(gilt für alle kardinalen Zeichen)
Ungeheure Glückserwartung an das Leben, die sich auch durch häufige Rückschläge nicht beirren lässt; chronischer Optimismus und depressive Neigungen können hier seltsame Mischungen eingehen; Protektion durch ältere Damen; oft erfolgreich; im Erfolg jedoch Gefahr, undankbar zu sein.

28–29 Mond|Mars
(gilt für alle kardinalen Zeichen)
Ungeklärter Selbstbezug; Autoaggression; Ablehnung des Männlichen, leistungsorientiertes Empfinden. Fühlt sich schnell angegriffen. Flucht in «Arbeitswut», schnell beleidigt, kann dafür umso besser austeilen. Angst, Schwäche zu zeigen. In Belastungssituationen Neigung zu Schleimhautentzündungen. Im Extremfall: Schwankungen zwischen Panik und Aggression. Masochistische Neigungen in konstruktiver (über sich selbst hinauswachsen können) oder destruktiver Form.
Identität von Aggression und Empfinden; Konkurrenzorientierung; überdurchschnittlich ausgeprägte Neigung, sich von anderen seelisch verletzt zu fühlen. Auf alles, was als persönlicher Angriff interpretiert werden kann, reagieren die Nativen besonders empfindsam. Fähigkeit, die Schwachpunkte bei anderen zu erkennen.
Permanente Stresssituation, die es schwer macht, anderen etwas neidlos zu gönnen. Insbesondere bei Frauen Möglichkeit von Essstörungen, vor allem in der Pubertät: Luftschlucken, Magersucht, Bulimie, Fettsucht. Im Leben mehr erreichen, als dies anderen möglich ist. Dominante Mutterproblematik, erhöhte Verletzungsneigung, im Extremfall Neigung zur absichtlichen Selbstverletzung.

Wassermann

29–1 Saturn/Uranus
Fähigkeit, in widersprüchlichen Lebenssituationen zu existieren; Hinweis auf Streit, Unvereinbarkeiten oder sogar Trennungstendenzen zwischen den Eltern im Zeitraum von Schwangerschaft und Geburt; Tendenz zu nervöser Überreizung, die häufig durch Mangel- und Fehlernährung noch unterstützt wird; oft «Kuhaugen»; gelegentlich Silberblick; muss sehr hoch gesteckte Zeile verwirklichen, um mit sich und dem Leben wirklich zufrieden zu sein; plötzlich wechselnde Stimmungen und Standpunkte; für andere «unberechenbar»; fühlt sich in Spannungssituationen wohl; hält sich am liebsten auf Störfeldern auf (Wasseradern, Verwerfungen u. Ä.); häufig Vorliebe für Pastelltöne (rosé) und «Bonbonfarben»

1–2 Mars/Pluto, Uranus/Pluto, Saturn/Pluto
Hält an Zielvorstellungen unerbittlich fest; lässt sich nicht abwimmeln; Wahl zwischen Angst und Aggression; oft chronisch instabile Existenz; Vorliebe für Zerfallsprozesse (mag meist gerne Abbruchhäuser u. Ä.); Hang zum Morbiden; als Gegner unangenehm und nachtragend; «kontraphobisch»; «Bulldoggengrad»; oft charmante «Exoten» und Einzelgänger, die man nicht unterschätzen sollte; Angstbeißer; radikal aus Prinzip. Oder «Friedensengel», Ablehnung jeder Form von Aggression und Gewalttätigkeit. Wirkt dann unnatürlich «lieb».

2–3 Sonne/Venus

(gilt für alle fixen Zeichen)

Die Liebe zum Männlichen; die Lebenslust; der künstlerische Vater; Unbekümmertheit, Bequemlichkeit; eitel, materialistisch. Interesse an Mode. Abneigung gegen anstrengende Arbeit. Künstlerische Neigungen und Fähigkeiten. Besondere Beziehung zur Mode, zu Farben und zur Malerei. In geringerem Maße gilt dies auch für die Musik.

Gesteigerte Genussfähigkeit: kaum zum Asketen und Abstinenzler geboren.

Oft geselligen Naturells, viele gesellschaftlich erfolgreiche Menschen haben diese Konstellation.

Manche Misanthropen weisen diese Konstellation auf. Persönliche Enttäuschungen können dazu führen, dass der Native sich bewusst aus dem sozialen Leben zurückzieht oder gar zum Eigenbrötler wird.

Oft äußert sich diese Konstellation jedoch weitaus weniger dramatisch: Die Nativen haben lediglich ein wenig exotische Umgangsformen und bemühen sich, von der Unterstützung anderer so unabhängig wie möglich zu sein.

3–4 Uranus/Pluto, Uranus/Uranus

(3–4 Grad fix: Plutoverbindung mit dem Zeichenherrscher, gleichzeitig doppelter Zeichenherrscher)

«Papageiengrad»: Tendenz zu auffälliger Buntheit, kann die gegensätzlichsten Dinge miteinander verbinden; besonderer Geltungsdrang; bei Frauen: «Amazonenkonstellation», gleichzeitig Hilflosigkeit als Anspruchshaltung: Es ist die Pflicht der anderen, mich zu versorgen; Angst vor gleichwertigen Beziehungen; dominiert über den Partner aus Sicherheitsbedürfnissen heraus, ist dafür seinen Existenzängsten ausgeliefert oder sucht sich überlegene Partner, die letztlich bekämpft, hintergangen, betrogen und demontiert werden. Auf diese Weise wird die unbewältigte und ungeklärte Beziehung zum gegengeschlechtlichen Elternteil nachgelebt; bei Männern häufig «Don Juan-Syndrom» bei gleichzeitig chronischer Eifersucht.

4–5 Jupiter/Uranus + Mars

(gilt für alle fixen Zeichen)

Neigt dazu, die eigenen Fähigkeiten und Möglichkeiten zu überschätzen, sodass sich hier häufig Protektion und Anerkennung durch andere schnell in Ablehnung verwandeln; Tendenz, anderen ihre Freiräume zu nehmen und dadurch seelische und/oder physische Verletzungen durch «Befreiungsschläge» zu erhalten: Bei dieser Konstellation sollte man sich deshalb in ganz besonderem Maße vor Überheblichkeit und Machtmissbrauch hüten. Echte Demut eröffnet hier die Möglichkeit, auch außergewöhnliche und scheinbar aussichtslose Projekte zu verwirklichen. Scheinbescheidenheit und manipulatives Verhalten um des Erfolges willen können verheerende Folgen haben.

5–6 Sonne/Jupiter

(gilt für alle fixen Zeichen)

«König sein», Körperfixierung; Identifizierung mit der eigenen physischen Attraktivität; Tendenz zu Mehrfachbeziehungen (aktiv oder passiv); manchmal materialistisch; braucht viel, um zufrieden zu sein; Neigung zum «Fettherz»; guter Chef, schlechter Mitarbeiter; überempfindlich gegen jegliche Form von Kritik; bei Männern: häufig Flucht ins Macho-Verhalten, um emotional unberührbar zu erscheinen. Wünsche und persönlichen Pläne werden außergewöhnlich schnell und effektiv umgesetzt. Beginn mit viel Energie, doch fehlt es oft an Geduld und Ausdauer.

Außergewöhnliches Selbstbewusstsein. Auch in ihrer Weltanschauung zukunftsorientierte Optimisten, aber auch depressive Schübe. Oft erstaunliche Weitsicht.

6–7 (Saturn/Uranus)/Uranus

(6,5 Grad fix: Saturn/Uranus und Zeichenherrscher)

Überreiztes Nervensystem; Neigung zu chronischen Infektionen; Wachstumsstörungen; Erkrankungen der Geschlechtsorgane; bei Frauen: massiv gesteigerte Neigung zu Pilzerkrankungen; Tendenz, die eigenen Schwächen an anderen therapieren zu wollen; an ungeeigneten Bindungen festhalten, bis diese von einem Augenblick zum nächsten endgültig zerbrechen; Frigidität und Impotenz können sich in dauerhaften Partnerschaften ergeben – Ventil: Zufallsbekanntschaften in Übergangssituationen; im Extremfall: psychotische Angst, dem Wahnsinn zu verfallen.

7–8 Sonne/Saturn

Disziplinierter als andere Wassermänner; liebt väterliche Vorbilder; wenig spontan; ernsthaft; Ablehnung alles Oberflächlichen; wenn der Aszendent auf diesem Grad liegt, häufig außergewöhnlich blass; Hang zum Asketischen; Neigung zur Herzschwäche (Angina pectoris); manchmal Workaholic.

8–9 Jupiter/Uranus

(gilt für alle fixen Zeichen)

Nesthäkchen; Hans im Glück; «der Aszendent von Gustav Gans aus Entenhausen»; ist so sehr an glückliche Wendungen und unerwartete Unterstützung gewöhnt, dass die Gefahr besteht, dies als selbstverständlich zu betrachten bzw. gar nicht mehr wahrgenommen zu werden – hier kommt dann jedoch «Hochmut vor dem Fall»: plötzliche Zusammenbrüche scheinbar gesicherter Optionen führen zu Ernüchterung; grundsätzlich positive Lebenseinstellung; «Stehaufmännchen», kann sich auch nach größten Niederlagen wieder erfolgreich emporarbeiten; muss lernen, die Dinge im Fluss zu lassen («free flow»), ohne dabei nachlässig und faul zu werden, da ansonsten Verlust- und Existenzängste sehr heftig Raum greifen können («stuck»).

9–10 Venus

(gilt für alle fixen Zeichen)

Leidenschaftsgrad; sinnlich und genusssüchtig; essen als erotisches Erlebnis; ausgeprägte Fähigkeit, anderen zu gefallen. Braucht die Gesellschaft von anderen. Oft hilfsbereit, aber auch bequem. Oft angenehme Stimme. Wirkt auf irgendeine Weise immer außergewöhnlich anziehend. Sollte beruflich auch als Selbstständiger mit einem Partner arbeiten. Sucht die große Liebe, mit hohem und oft naiv- unrealistischem Anspruch. Findet deshalb oft erst spät im Leben den passenden Partner.

10–11 Uranus/Neptun

(gilt für alle fixen Zeichen)

Tendenz zu chronischer Überreizung des Nervensystems; gelegentlich Suchtproblematik; neigt zu für die Umwelt unberechenbaren Reaktionen; spontan bis distanzlos; in jedem Sinn des Wortes «zu allem fähig»; mentale Defekte ergeben sich hier genauso wie Ausnahmebegabungen, die sich meist auf wenige Bereiche beschränken.

Extremer Fantasiereichtum; Hang zum Weltfremden; in der Geschwisterfolge oft der Nachzügler; passt in kein Schema; Tagträume als Lebensersatz; manchmal depressive oder ängstliche Neigungen; in mehr als einer Hinsicht eine ungewöhnliche Persönlichkeit; «Märchenerzählerkonstellation». Sucht immer das Außergewöhnliche. Ist schnell gelangweilt, mag keine Routinearbeiten, hat Probleme, den Alltag zu bewältigen. Unlogisch und selbstverliebt. Probleme, Angefangenes zu Ende zu führen. Neigung zu Stoffwechselstörungen. Braucht, um gesund zu bleiben, sehr viel Bewegung. Hausspitze 7: überzogene Partnerschaftserwartungen, Beziehungsstörungen, Traum vom «Märchenprinzen». Eigene Schwächen auf das Gegenüber projizieren. Vom Idealismus nach Ernüchterung zu berechnendem Begegnungsverhalten. Versorgungsmentalität. Doublebind: Will zum Partner aufblicken können (insbesondere Frauen), aber gleichzeitig im Mittelpunkt stehen.

11–13 Jupiter + Uranus

(Alle 12er-Grade sind Jupiter-Grade mit einer Beimischung des Zeichenherrschers.)

Körperfixierung, Identifizierung mit der eigenen physischen Attraktivität; Tendenz zu Mehrfachbeziehungen (aktiv oder passiv); manchmal materialistisch; braucht viel, um zufrieden zu sein; Neigung zum «Fettherz»; guter Chef, schlechter Mitarbeiter; überempfindlich gegen jegliche Form von Kritik; bei Männern: häufig Flucht ins Macho-Verhalten, um emotional unberührbar zu erscheinen.

13–14 Neptun/Pluto

(gilt für alle fixen Zeichen)

«Grausam schlägt das Schicksal zu – heute ich und morgen du.» Hang zum Dramatischen. Oft extremes Charisma. Interesse an Esoterik und Parapsychologie. Alles bestimmen wollen. Trägt Verantwortung für andere. Hang zur Selbstausbeutung. Die Urgewalt, alles geschieht gleichzeitig. Eine Biografie voller Zäsuren. Kampf gegen das Schicksal. Geht sehr enge, ambivalente Beziehungen ein. Bestimmt von Machtthemen. Muss lernen, «loszulassen». Neigt zu Verschwörungstheorien.

Interesse an sozialen Themen oder was man dafür hält; lehrt und belehrt gerne; oft Bezug zu Rechtsfragen; möchte für andere entscheiden; die Beziehung zum persönlichen Umfeld ist wichtiger als die Bindung an die Familie; unbewusste Suche nach den «Gesetzen der Philosophie»; Angst vor den eigenen Subjektivismen, möchte die eigenen Themen generalisieren; Tendenz zu chronischen Dickdarmerkrankungen im Alter.

14–16 Sonne/Uranus

Der Höhepunkt des Vitalen und Individualistischen; häufige und plötzliche Stimmungswechsel um 180 Grad; «Ikarusgrad»: in manischen Phasen wird leichtfertig aufgegeben oder zerstört, was später noch gebraucht wird; ungewöhnliche Beziehung zum Männlichen; zwiespältiges Verhältnis zum Vater; oft technische Begabung; sprunghaft im Denken und Handeln.

16–17 Merkur/Pluto

(gilt für alle fixen Zeichen)

Liebt Ordnung und Eindeutigkeit; Neigung zum technischen Zeichnen; Grafiker- und Architektenkonstellation; hat oft erhebliche Schwierigkeiten im Transferdenken; muss Dinge immer mit den genau gleichen Worten erklärt bekommen; meist sehr gutes, vor allem optisches Gedächtnis (für Dinge, die interessieren); Neigung zu Zwangsvorstellungen, die jedoch in aller Regel harmlos sind; abergläubisch: wenn X nicht geklappt hat, kann Y ja auch nur schief gehen; durch Worte beeindruckbarer als andere;

in seltenen Fällen Anlage zu Krebserkrankungen von Speise- und Luftröhre.

17–18 Mond/Pluto
(gilt für alle fixen Zeichen)
Ausgeprägtes emotionales Geltungsbedürfnis; Liebe durch Leistung; problematisches Verhältnis zur Mutter: deren Unerfülltheit sollte vom Kind kompensiert werden; die Mutter war eine «Hexe»; Hinweis auf psychische Erkrankung der Mutter; häufig Indiz für Gehörschäden, meist durch Mittelohrentzündung verursacht.

18–19 Venus + Uranus
(Alle 18er-Grade sind Venus-Grade mit einer Beimischung des Zeichenherrschers.)
Ästhet; oft hübsch; begeisterungsfähig; vielfach Mangel an Ausdauer in persönlichen Partnerschaften; «Strohfeuerkonstellation»; bei Frauen: Gefahr, sich «zu gut» für die Männer zu sein; Prinzessin auf der Erbse; «Playboykonstellation».

19–20 Uranus/Neptun
(gilt für alle fixen Zeichen)
Extremer Fantasiereichtum; Hang zum Weltfremden; in der Geschwisterfolge oft der Nachzügler; passt in kein Schema; Tagträume als Lebensersatz; manchmal depressive Neigungen; in mehr als einer Hinsicht eine ungewöhnliche Persönlichkeit; «Märchenerzählerkonstellation». Sucht immer das Außergewöhnliche. Ist schnell gelangweilt, mag keine Routinearbeiten, hat Probleme, den Alltag zu bewältigen. Unlogisch und selbstverliebt. Probleme, Angefangenes zu Ende zu führen. Neigung zu Stoffwechselstörungen. Braucht, um gesund zu bleiben, sehr viel Bewegung. Hausspitze 7: überzogene Partnerschaftserwartungen, Beziehungsstörungen, Traum vom «Märchenprinzen». Eigene Schwächen auf das Gegenüber projizieren. Vom Idealismus nach Ernüchterung zu berechnendem Begegnungsverhalten. Versorgungsmentalität. Doublebind: Will zum Partner aufblicken können (insbesondere Frauen), aber gleichzeitig im Mittelpunkt stehen.

20–21 Venus

(gilt für alle fixen Zeichen)

Leidenschaftsgrad; sinnlich und genusssüchtig; essen als erotisches Erlebnis; ausgeprägte Fähigkeit, anderen zu gefallen. Vor allem bei Frauen: «Objekt der Begierde»; oft faul und passiv. Braucht die Gesellschaft von anderen. Oft hilfsbereit, aber auch bequem. Oft angenehme Stimme. Wirkt auf irgendeine Weise immer außergewöhnlich anziehend. Sollte beruflich auch als Selbstständiger mit einem Partner arbeiten. Sucht die große Liebe, mit hohem und oft naiv-unrealistischem Anspruch. Findet deshalb oft erst spät im Leben den passenden Partner.

21–22 Sonne/Mars

(gilt für alle fixen Zeichen)

In vielen Fällen wahre Energiebündel, eher Sprinter als Dauerläufer. Emotionale Bedürfnisse und Handlungsantrieb sind oft so intensiv, dass sie unmittelbar in die Tat umgesetzt werden müssen. Beispiel Nahrungsaufnahme: Wenn sich Hunger einstellt, so ist dieser vielfach derart heftig, dass unverzüglich etwas gegessen werden muss, da sich sonst Schwächezustände und ähnliche unangenehme Empfindungen einstellen. Viele Sonne-Mars-Geborene sind daher auch so genannte Schlinger, die ihre Mahlzeit oft schneller vertilgen, als die Menschen in ihrer Umgebung zuschauen können.

Geduld ist ihre starke Seite nicht, und wenn sie etwas später als gewünscht bekommen, ist es oft schon fast wertlos für sie.

Ausgeliefertsein an subjektive Bedürfnisse, die nur schwer diszipliniert oder unterdrückt werden können.

Fähigkeit zu einem außerordentlich starken Engagement, wenn es darum geht, kurzfristig alle verfügbaren Energien freizusetzen. Manchmal extreme Erschöpfungszustände, die oft mit aggressiver, depressiver oder cholerischer Überreizung gepaart sind.

22–23 Sonne/Neptun

Orientierungsschwach; Vater entfällt in seiner Funktion als prägendes Vorbild; Motivationsschwäche; ausgeprägte Tendenz zu Tagträumen.
Antriebsschwäche; ausgeprägte Motivationslöcher; manchmal Suchtneigung und Medikamentenmissbrauch; extreme Erschöpfungszustände nach Stresssituationen; «schläft das Wochenende durch»; fantasiearm, aber dennoch Tendenz zu Angstzuständen.

23–24 Saturn/Uranus

(gilt für alle fixen Zeichen)

Fähigkeit, in widersprüchlichen Lebenssituationen zu existieren; Hinweis auf Streit, Unvereinbarkeiten oder sogar Trennungstendenzen zwischen den Eltern im Zeitraum von Schwangerschaft und Geburt; Tendenz zu nervöser Überreizung, die häufig durch Mangel- und Fehlernährung noch unterstützt wird; oft «Kuhaugen»; gelegentlich Silberblick; muss sehr hoch gesteckte Ziele verwirklichen, um mit sich und dem Leben wirklich zufrieden zu sein; plötzlich wechselnde Stimmungen und Standpunkte; für andere «unberechenbar»; häufig Vorliebe für Pastelltöne (rosé) und «Bonbonfarben».

24–25 Sonne/Jupiter

(gilt für alle fixen Zeichen)

«König sein», Körperfixierung; Identifizierung mit der eigenen physischen Attraktivität; Tendenz zu Mehrfachbeziehungen (aktiv oder passiv); manchmal materialistisch; braucht viel, um zufrieden zu sein; Neigung zum «Fettherz»; guter Chef, schlechter Mitarbeiter; überempfindlich gegen jegliche Form von Kritik; bei Männern: häufig Flucht ins Macho-Verhalten, um emotional unberührbar zu erscheinen. Wünsche und persönlichen Pläne werden außergewöhnlich schnell und effektiv umgesetzt. Beginn mit viel Energie, doch fehlt es oft an Geduld und Ausdauer.

Außergewöhnliches Selbstbewusstsein. Auch in ihrer Weltanschauung zukunftsorientierte Optimisten, aber auch depressive Schübe. Oft erstaunliche Weitsicht.

25–26 Mars/Saturn

(gilt für alle fixen Zeichen)

Besonderes Bedürfnis nach gesellschaftlicher Anerkennung für die eigenen Leistungen. Oft außergewöhnlich ehrgeizig. Sowohl im Beruf als auch sportlich.

Im persönlichen Umgang Durchsetzungsschwierigkeiten. Hemmung anderen allzu deutlich die eigenen Wünsche und Bedürfnisse mitzuteilen. Angst, ungewollt zu verletzen und Ablehnung zu provozieren.

Haben sie einmal »Blut geleckt«, gibt es fast nichts mehr, was sie von der Verfolgung ihres Zieles ablenken könnte.

26–27 Saturn/Pluto, (Uranus/Pluto)

(gilt für alle fixen Zeichen)

Unbeirrbar in Ziel, Überzeugung und Handeln; kann nur aus eigenen Fehlern lernen, da der Rat anderer nur selten ernst genommen und befolgt wird; oft konservative Einstellung; häufig Autorität, die Respekt einflößt oder gar Angst macht; Vorliebe für alle Formen von Lehrtätigkeit; Gefahr, ins Belehrende abzugleiten; bei unbefriedigender Lebenssituation wird man für Untergebene zum «Schleifer»; irrationale Ängste; braucht große Genauigkeit, um sich sicher zu fühlen; empfindet Unordnung als physische Bedrohung (auch wenn man diese selbst schafft); gelegentlich Tendenz zu Rückenleiden sowie allen Formen von Rheumatismus.

27–28 Merkur/Saturn/Uranus

(gilt für alle fixen Zeichen)

«Querulantenkonstellation», «Zappelphilipp»; alles wollen und mit nichts zufrieden sein; hypermobile Gelenke; Neigung zu Sehnenscheidenentzündungen; «stecken gebliebener Ehrgeiz».

Fähigkeit, in widersprüchlichen Lebenssituationen zu existieren; Hinweis auf Streit, Unvereinbarkeiten oder sogar Trennungstendenzen zwischen den Eltern im Zeitraum von Schwangerschaft und Geburt; Tendenz zu nervöser Überreizung, die häufig durch Mangel- und Fehlernährung noch unterstützt wird; oft «Kuhaugen»; gelegentlich Silberblick; muss sehr hoch gesteckte Ziele

verwirklichen, um mit sich und dem Leben wirklich zufrieden zu sein; plötzlich wechselnde Stimmungen und Standpunkte; für andere «unberechenbar»; häufig phasenweise Vorliebe für Pastelltöne (rosé) und «Bonbonfarben». Überreiztes Nervensystem; Neigung zu chronischen Infektionen; Wachstumsstörungen; Erkrankungen des Herzens; nervöse Magenstörungen; bei Frauen: massiv gesteigerte Neigung zu Pilzerkrankungen; Tendenz, die eigenen Schwächen an anderen therapieren zu wollen; an ungeeigneten Bindungen festhalten, bis diese von einem Augenblick zum nächsten endgültig zerbrechen; Frigidität und Impotenz können sich in dauerhaften Partnerschaften ergeben – Ventil: Zufallsbekanntschaften in Übergangssituationen.

28–29 Merkur/Uranus/Neptun
(gilt für alle fixen Zeichen)
Sich im selbst gestrickten Chaos verlieren, um dort zum Täter oder Opfer zu werden; Übergriffe; Handlungsvermeidung oder Fähigkeit zu Außergewöhnlichem.
Extremer Fantasiereichtum; Hang zum Weltfremden; in der Geschwisterfolge oft der Nachzügler; passt in kein Schema; Tagträume als Lebensersatz; manchmal depressive oder ängstliche Neigungen; in mehr als einer Hinsicht eine ungewöhnliche Persönlichkeit; sucht immer das Außergewöhnliche. Ist schnell gelangweilt, mag keine Routinearbeiten, hat Probleme, den Alltag zu bewältigen. Unlogisch und selbstverliebt. Probleme, Angefangenes zu Ende zu führen. Neigung zu Stoffwechselstörungen. Braucht, um gesund zu bleiben, sehr viel Bewegung. Hausspitze 7: überzogene Partnerschaftserwartungen, Beziehungsstörungen, Traum vom «Märchenprinzen». Eigene Schwächen auf das Gegenüber projizieren. Vom Idealismus nach Ernüchterung zu berechnendem Begegnungsverhalten. Versorgungsmentalität. Doublebind: Will zum Partner aufblicken können (insbesondere Frauen), aber gleichzeitig im Mittelpunkt stehen.

Fische

29–1 Uranus/Neptun

Extremer Fantasiereichtum; Hang zum Weltfremden; in der Geschwisterfolge oft der Nachzügler; passt in kein Schema; Tagträume als Lebensersatz; manchmal depressive oder ängstliche Neigungen; in mehr als einer Hinsicht eine ungewöhnliche Persönlichkeit; «Märchenerzählerkonstellation». Sucht immer das Außergewöhnliche. Ist schnell gelangweilt, mag keine Routinearbeiten, hat Probleme, den Alltag zu bewältigen. Unlogisch und selbstverliebt. Probleme, Angefangenes zu Ende zu führen. Neigung zu Stoffwechselstörungen. Braucht, um gesund zu bleiben, sehr viel Bewegung. Hausspitze 7: überzogene Partnerschaftserwartungen, Beziehungsstörungen, Traum vom «Märchenprinzen». Eigene Schwächen auf das Gegenüber projizieren. Vom Idealismus nach Ernüchterung zu berechnendem Begegnungsverhalten. Versorgungsmentalität. Doublebind: Will zum Partner aufblicken können (insbesondere Frauen), aber gleichzeitig im Mittelpunkt stehen.

1–2 Mars/Jupiter

(gilt für alle beweglichen Zeichen)

«Schiedsrichterkonstellation»: mischt sich gern ein; unbeirrbar in den eigenen Bedürfnissen und Interessen; nur mäßig beeindruckbar durch die Manipulationsversuche anderer, gleichzeitig jedoch oft Angst vor Vorgesetzten; selbst meist guter Vorgesetzter, aber schlechter Teamarbeiter; gesteigerter Drang zu Fernreisen; bei Alkoholmissbrauch starke Neigung zu Leberabszessen; evtl. Tendenz zu Erkrankungen der Bauchspeicheldrüse im Zusammenhang mit Röststoff- und Koffeinunverträglichkeit (Kaffee, Tee).

2–3 Saturn/Neptun
(gilt für alle beweglichen Zeichen)
Leberpunkt (hauptsächlich über Spitze 6); alle Formen von Nekrose bei entsprechender Disposition möglich; alle Zerfalls- und Auflösungsprozesse; Zwang, sich mit der Wahrheit auseinander zu setzen; mangelnde Wahrheitsliebe.

3–4 Sonne/Neptun
(gilt für alle beweglichen Zeichen)
Antriebsschwäche; ausgeprägte Motivationslöcher; manchmal Suchtneigung und Medikamentenmissbrauch; extreme Erschöpfungszustände nach Stresssituationen; «schläft das Wochenende durch»; fantasiearm, aber dennoch Tendenz zu Angstzuständen.

4–5 Neptun/Neptun/Neptun
(gilt für alle beweglichen Zeichen)
«Neurosegrad»; Flucht in den Schlaf; völlig fantasielos als Angstschutz oder im Gegenteil überschäumend schöpferisch, um die immense Anzahl seelischer Eindrücke zu bewältigen; graue Maus oder bunter Hund; häufige Erkältungen; mediale Begabung möglich.

5–6 Saturn/Uranus
(gilt für alle beweglichen Zeichen)
Fähigkeit, in widersprüchlichen Lebenssituationen zu existieren; Hinweis auf Streit, Unvereinbarkeiten oder sogar Trennungstendenzen zwischen den Eltern im Zeitraum von Schwangerschaft und Geburt; Tendenz zu nervöser Überreizung, die häufig durch Mangel- und Fehlernährung noch unterstützt wird; oft «Kuhaugen»; gelegentlich Silberblick; muss sehr hoch gesteckte Ziele verwirklichen, um mit sich und dem Leben wirklich zufrieden zu sein; plötzlich wechselnde Stimmungen und Standpunkte; für andere «unberechenbar»; häufig phasenweise Vorliebe für Pastelltöne (rosé) und «Bonbonfarben». Überreiztes Nervensystem; Neigung zu chronischen Infektionen; Wachstumsstörungen; Erkrankungen des Herzens; nervöse Magenstörungen; bei Frauen:

massiv gesteigerte Neigung zu Pilzerkrankungen; Tendenz, die eigenen Schwächen an anderen therapieren zu wollen; an ungeeigneten Bindungen festhalten, bis diese von einem Augenblick zum nächsten endgültig zerbrechen; Frigidität und Impotenz können sich in dauerhaften Partnerschaften ergeben – Ventil: Zufallsbekanntschaften in Übergangssituationen; im Extremfall: psychotische Angst vor dem Tod.

6–7 Merkur

(gilt für alle beweglichen Zeichen)

Häufig leptosome Erscheinung, braune Haare, wellig bis lockig; verfügt über ungewöhnliche Energiereserven; Neigung zu Konzentrationsstörungen; motorische Unruhe; «Fußwipper» und «Zappelphilipp»; oft große sprachliche Begabung; braucht regelmäßige sportliche Betätigung, um physisch und psychisch gesund zu bleiben.

7–8 Merkur/Uranus

Sprunghaftes, originelles oder gar geniales Denken; nervös aufgrund nervlicher Überspanntheit; Tendenz zu Zwölffingerdarmgeschwüren; ist anders als seine Geschwister; passt nicht in seine Umgebung.

Fähigkeit, in widersprüchlichen Lebenssituationen zu existieren; Hinweis auf Streit, Unvereinbarkeiten oder sogar Trennungstendenzen zwischen den Eltern im Zeitraum von Schwangerschaft und Geburt; Tendenz zu nervöser Überreizung, die häufig durch Mangel- und Fehlernährung noch unterstützt wird; oft «Kuhaugen»; gelegentlich Silberblick; muss sehr hoch gesteckte Ziele verwirklichen, um mit sich und dem Leben wirklich zufrieden zu sein; plötzlich wechselnde Stimmungen und Standpunkte; für andere «unberechenbar»; häufig phasenweise Vorliebe für Pastelltöne (rosé) und «Bonbonfarben». Überreiztes Nervensystem; Neigung zu chronischen Infektionen; Wachstumsstörungen; Erkrankungen des Herzens; nervöse Magenstörungen; bei Frauen: massiv gesteigerte Neigung zu Pilzerkrankungen; Tendenz, die eigenen Schwächen an anderen therapieren zu wollen; an unge-

eigneten Bindungen festhalten, bis diese von einem Augenblick zum nächsten endgültig zerbrechen; Frigidität und Impotenz können sich in dauerhaften Partnerschaften ergeben – Ventil: Zufallsbekanntschaften in Übergangssituationen; im Extremfall: psychotische Angst vor dem Tod.

8–9 Sonne/Neptun

Mit allem durchkommen.

Antriebsschwäche; ausgeprägte Motivationslöcher; manchmal Suchtneigung und Medikamentenmissbrauch; extreme Erschöpfungszustände nach Stresssituationen; «schläft das Wochenende durch»; fantasiearm, aber dennoch Tendenz zu Angstzuständen.

9–10 Venus/Neptun

(gilt für alle beweglichen Zeichen)

Nierenschwäche; Romantiker; künstlerische Begabung; Abgrenzungsprobleme; Aufforderung, ausgenutzt zu werden, insbesondere bei Frauen; Hingabeangst, daher Tendenz zu «illegalen» Liebschaften (verheiratete Partner etc.). Gefahr Opfer von «Heiratsschwindlern» zu werden. Durch Fehleinschätzungen von Partnern und Freunden, wachsende Enttäuschung und Misstrauen.

10–11 Mond/Venus

(gilt für alle kardinalen und beweglichen Zeichen)

Hingabefähig; optimistisch; oft charmant; außergewöhnlich erotische Ausstrahlung, insbesondere bei Frauen; emotional labil, ohne dass dies der Umwelt auffallen müsste; hat von der Mutter gelernt, wie man sich nicht gibt (die Mutter als abschreckendes Beispiel); oft in großem Maße durch die Meinung anderer beeinflussbar; kann über Gefühle leicht manipuliert werden; vielfach außergewöhnlich gutmütig, was jedoch bei Missbrauch in verblüffende Aggressivität umschlagen kann; manchmal Neigung zu Passivität, indem man wichtige Entscheidungen anderen (vor allem dem Partner) überlässt.

11–13 Jupiter + Neptun
(Alle 12er-Grade sind Jupiter-Grade mit einer Beimischung des Zeichenherrschers.)
Die «Überfische»; außergewöhnlich empfindsam; oft Medikamentenunverträglichkeit und Allergien; oft außergewöhnliche künstlerische Begabung.

13–14 Sonne/Mars
(gilt für alle beweglichen Zeichen)
In vielen Fällen wahre Energiebündel, eher Sprinter als Dauerläufer. Emotionale Bedürfnisse und Handlungsantrieb sind oft so intensiv, dass sie unmittelbar in die Tat umgesetzt werden müssen. Beispiel Nahrungsaufnahme: Wenn sich Hunger einstellt, so ist dieser vielfach derart heftig, dass unverzüglich etwas gegessen werden muss, da sich sonst Schwächezustände und andere ähnliche unangenehme Empfindungen einstellen. Viele Sonne-Mars-Geborene sind daher auch so genannte Schlinger, die ihre Mahlzeit oft schneller vertilgen, als die Menschen in ihrer Umgebung zuschauen können.
Geduld ist ihre starke Seite nicht, und wenn sie etwas später als gewünscht bekommen, ist es oft schon fast wertlos für sie.
Ausgeliefertsein an subjektive Bedürfnisse, die nur schwer diszipliniert oder unterdrückt werden können.
Fähigkeit zu einem außerordentlich starken Engagement, wenn es darum geht, kurzfristig alle verfügbaren Energien freizusetzen.
Manchmal extreme Erschöpfungszustände, die oft mit aggressiver, depressiver oder cholerischer Überreizung gepaart sind.

14–16 Merkur/Neptun
Schwächezustände aller Art; Überreaktion auf Medikamente; verträgt keine Konservierungsmittel; Asthma; allergische Erkrankungen des Darms; Sauerstoffmangel bei der Geburt; im Extrem: «grün und blau geboren»; «emotionales Chamäleon»: kann die eigenen Gefühle gut verstecken; kann unbewusst auf andere so wirken, wie er gerne gesehen werden möchte.

16–17 Sonne/Pluto
(gilt für alle beweglichen Zeichen)
Alles bestimmen wollen. Trägt Verantwortung für andere. Hang zur Selbstausbeutung. Die Urgewalt, alles geschieht gleichzeitig. Eine Biografie voller Zäsuren. Kampf gegen das Schicksal. Geht sehr enge, ambivalente Beziehungen ein. Bestimmt von Machtthemen. Muss lernen, «loszulassen». «Der Pate». Zieht seine Fäden im Hintergrund oder lässt sich durch scheinbar hehre Ziele ausnutzen und missbrauchen.

17–18 Sonne /Merkur
(gilt für alle beweglichen Zeichen)
Muss über seine Empfindungen reden; «Gefühlezeiger»; manchmal Hinweis auf Koordinationsstörungen aller Art; gesteigerte Tendenz zu Infektionskrankheiten, Cellulite, Ödemen; gelegentlich Hinweis auf außergewöhnliche Körperbeherrschung bis hin zu artistischen Neigungen, aber auch Handlungslähmung. Oft nah am Wasser gebaut. Will durch Anpassung dominieren. Schwer zufrieden zu stellen. Detailverliebt. Angst vor Kontrollverlust. Fühlt sich unterbewertet. Selbstbestätigung durch Leistung und Unterordnung. Abhängig von Statussymbolen. Gibt zu viel auf die Meinung anderer.

18–19 Venus + Neptun
(Alle 18er-Grade sind Venus-Grade mit einer Beimischung des Zeichenherrschers.)
Romantiker; künstlerische Begabung; Abgrenzungsprobleme; Aufforderung, ausgenutzt zu werden, insbesondere bei Frauen; Hingabeangst, daher Tendenz zu «illegalen» Liebschaften (verheiratete Partner etc.). Gefahr, Opfer von «Heiratsschwindlern» zu werden. Durch Fehleinschätzungen von Partnern und Freunden wachsende Enttäuschung. und Misstrauen.

19–20 Saturn/Pluto

(gilt für alle beweglichen Zeichen)
Konsequent in Ziel, Überzeugung und Handeln; kann nur aus

eigenen Fehlern lernen, da der Rat anderer nur selten ernst genommen und befolgt wird; oft konservative Einstellung; häufig Autorität, die Respekt einflößt oder gar Angst macht; Vorliebe für alle Formen von Lehrtätigkeit; Gefahr, ins Belehrende abzugleiten; bei unbefriedigender Lebenssituation wird man für Untergebene zum «Schleifer»; irrationale Ängste, braucht große Genauigkeit, um sich sicher zu fühlen; empfindet Unordnung als physische Bedrohung (auch wenn diese selbst geschaffen wurde); extremer Gerechtigkeitssinn; lehnt Subjektivität ab.

20–21 Merkur/Mars
(gilt für alle beweglichen Zeichen)
Verbale Aggression; Schnelldenker; intellektuelle Ungeduld; «Halbstarkenkonstellation»; neigt zu Entzündungen der Gelenke und Bronchien; starker Bewegungsdrang; «die chronische Pubertät».

21–22 Mond/Sonne
(gilt für alle beweglichen Zeichen)
Diese Konstellation ist ein recht sicheres Zeichen für eine gewisse Naivität, die sich in einem eigentümlichen Urvertrauen in die Menschen und das Leben äußert. Dies weckt günstigenfalls die Beschützerinstinkte von Angehörigen und Freunden, die fürchten, dass die Nativen mit ihrer «Weltfremdheit» unter die Räder kommen könnten.
Tatsächlich begeben sich viele mit dieser Konstellation an einer Hauptachse vor allem in jungen Jahren gelegentlich in haarsträubend gefährliche Situationen. Allerdings geschieht dabei in den seltensten Fällen ein Unglück. So eigentümlich die Geborenen an das Leben und seine Herausforderungen heranzugehen scheinen, wäre es ein großer Fehler, sie zu unterschätzen. Der Erfolg gibt ihren unkonventionellen Vorgehensweisen nur allzu oft Recht.
Ausgesprochen gefühlsintensiv, heftige Emotionen; muss diese ausleben, um sich wohl und gesund zu fühlen. Drang nach körperlicher, sportlicher Betätigung. Opfer eigener Stimmungsschwankungen. «Saisonarbeiter»: Wenn sie von einer Idee begeis-

tert sind, können sie über Wochen und Monate sehr hart arbeiten und mit einem Minimum an Schlaf auskommen. In Phasen von Mutlosigkeit mag ihnen dann allerdings die kleinste Anstrengung zu viel sein.
Unmöglich, sich ihrer Ausstrahlung und ihren Stimmungen zu entziehen. Gelegentlich geht ihnen die Gefühlsachterbahn ihres Lebens selber ein wenig auf die Nerven.

22–23 Merkur/Mars

Verbale Aggression; Schnelldenker; intellektuelle Ungeduld; «Halbstarkenkonstellation»; neigt zu Entzündungen der Gelenke und Bronchien; starker Bewegungsdrang; «die chronische Pubertät».
Diese Konstellation ist ein recht sicheres Zeichen für eine gewisse Naivität, die sich in einem eigentümlichen Urvertrauen in die Menschen und das Leben äußert. Dies weckt günstigenfalls die Beschützerinstinkte von Angehörigen und Freunden, die fürchten, dass die Nativen mit ihrer «Weltfremdheit» unter die Räder kommen könnten.
Tatsächlich begeben sich viele mit dieser Konstellation an einer Hauptachse vor allem in jungen Jahren gelegentlich in haarsträubend gefährliche Situationen. Allerdings geschieht dabei in den seltensten Fällen ein Unglück. So eigentümlich die Geborenen an das Leben und seine Herausforderungen heranzugehen scheinen, wäre es ein großer Fehler, sie zu unterschätzen. Der Erfolg gibt ihren unkonventionellen Vorgehensweisen nur allzu oft Recht.
Ausgesprochen gefühlsintensiv, heftige Emotionen; muss diese ausleben, um sich wohl und gesund zu fühlen. Drang nach körperlicher, sportlicher Betätigung. Opfer eigener Stimmungsschwankungen. «Saisonarbeiter»: Wenn sie von einer Idee begeistert sind, können sie über Wochen und Monate sehr hart arbeiten und mit einem Minimum an Schlaf auskommen. In Phasen von Mutlosigkeit mag ihnen dann allerdings die kleinste Anstrengung zu viel sein.
Unmöglich, sich ihrer Ausstrahlung und ihren Stimmungen zu entziehen. Gelegentlich geht ihnen die Gefühlsachterbahn ihres Lebens selber ein wenig auf die Nerven.

23–24 Uranus/Pluto, Jupiter/Neptun

(gilt für alle beweglichen Zeichen)

«Ufo-Grad»; hebt geistig ab; dem Außergewöhnlichen und Exzentrischen intellektuell zugetan; lässt sich durch die Beeinflussungsversuche anderer nicht irritieren; Neigung zum Absurden, Wirklichkeitsfernen; Orientierungsschwäche; manchmal Konzentrationsstörungen, verliert gerne den Faden; «das Verfertigen der Gedanken beim Reden»; beschäftigt sich gern mit juristischen oder didaktischen Fragen (Jurist, Lehrer); gut im Unterrichten, selbst aber nur schwer belehrbar; er widmet den Angelegenheiten anderer die größte Aufmerksamkeit, mit denen er selbst Schwierigkeiten hat.
Die Auswirkungen sind auf der Jungfrau/Fische-Achse meist weniger dramatisch als auf der Zwillinge/Schütze-Achse.

24–25 Jupiter/Pluto + Neptun

(24,5 Grad beweglich: Jupiter/Pluto + Zeichenherrscher)

Autistoide Neigungen: intensive zwischenmenschliche Kontakte, von denen man jedoch emotional relativ unberührt bleibt; ausgesprochen ambivalente, aber ausgeprägte Mutterbindung; hochfliegende Pläne, die mit großem persönlichen Einsatz verfolgt werden; Anfälle von Sinnlosigkeitsempfinden werden durch nervale Überpeitschung vermieden (Stress als Droge); kann für die Verwirklichung persönlicher Interessen «über Leichen gehen»; oft Hinweis auf offene oder latente Homo- bzw. Bisexualität.

25–26 Merkur/Uranus (+ Pluto), Saturn/Uranus

(gilt für alle beweglichen Zeichen)

«Fähigkeit, in widersprüchlichen Lebenssituationen zu existieren; Hinweis auf Streit, Unvereinbarkeiten oder sogar Trennungstendenzen zwischen den Eltern im Zeitraum von Schwangerschaft und Geburt; Tendenz zu nervöser Überreizung, die häufig durch Mangel- und Fehlernährung noch unterstützt wird; oft «Kuhaugen»; gelegentlich Silberblick; muss sehr hoch gesteckte Ziele verwirklichen, um mit sich und dem Leben wirklich zufrieden zu

sein; plötzlich wechselnde Stimmungen und Standpunkte; für andere «unberechenbar»; häufig phasenweise Vorliebe für Pastelltöne (rosé) und «Bonbonfarben». Überreiztes Nervensystem; Neigung zu chronischen Infektionen; Wachstumsstörungen; Erkrankungen des Herzens; nervöse Magenstörungen; bei Frauen: massiv gesteigerte Neigung zu Pilzerkrankungen; Tendenz, die eigenen Schwächen an anderen therapieren zu wollen; an ungeeigneten Bindungen festhalten, bis diese von einem Augenblick zum nächsten endgültig zerbrechen; Frigidität und Impotenz können sich in dauerhaften Partnerschaften ergeben – Ventil: Zufallsbekanntschaften in Übergangssituationen; im Extremfall: psychotische Angst vor dem Tod.

26–27 Neptun/Neptun

(26,5 Grad beweglich: Zeichenherrscher/Neptun)
Schwächezustände aller Art; Überreaktion auf Medikamente; verträgt keine Konservierungsmittel; Asthma; allergische Erkrankungen der Atemwege; Sauerstoffmangel bei der Geburt, im Extrem: «grün und blau geboren»; visionäres Denken, Probleme mit der Umsetzung; «intellektuelles Chamäleon»: kann die eigenen Ansichten gut verstecken; kann unbewusst auf andere so wirken, wie er gesehen werden möchte.

27–28 Mars/Saturn

(gilt für alle beweglichen Zeichen)
Besonderes Bedürfnis nach gesellschaftlicher Anerkennung der eigenen Leistungen. Oft außergewöhnlich ehrgeizig, sowohl im Beruf als auch sportlich.

Im persönlichen Umgang Durchsetzungsschwierigkeiten. Hemmung, anderen allzu deutlich die eigenen Wünsche und Bedürfnisse mitzuteilen. Angst, ungewollt zu verletzen und Ablehnung zu provozieren.

Haben sie einmal «Blut geleckt», gibt es fast nichts, was sie von der Verfolgung ihres Zieles ablenken könnte.

28–29 Neptun/Neptun

(gilt für alle beweglichen Zeichen)

Nicht robust genug für dieses Leben; Flucht in Traum- und Fantasiewelten; manchmal psychische Gefährdung; oft massive Stoffwechselstörungen (Akne); widersprüchliche Persönlichkeitszüge, insbesondere im Erotischen: Vorliebe für «Machos» aller Art bei gleichzeitiger Ablehnung alles Männlichen (Emanzipationsanspruch) – für Männer gilt sinngemäß das Gleiche; Tendenz zu reden, ohne etwas zu sagen.

Spitze 6: Nahrungsmittelallergien, Vergiftungen, Überempfindlichkeit, Hypochondrie.

Übersicht Kritische Grade

Grad	kardinal	fix	beweglich
0 - 1	Zeichenherrscher plus Herrscher des Nachbarzeichens		
1 - 2	Mo/Ur, Ve/Ma	Ma/Pl, Sa/Pl ZH/Pl	Ma/Ju
2 - 3	Mo/Ma	So/Ve	Sa/Ne
3 - 4	Mo/Ne	ZH/ZH, ZH/Pl	So/Ne
4 - 5	Ur + ZH (Sa/Ur)	Ju/Ur + Ma	Ne/Ne/Ne
5 - 6	Ve/Ju	So/Ju	Sa/Ur
6 - 7	Ju/Pl + ZH	ZH/Sa + Ur	Me
7 - 8	Herrscher der Opposition plus Nachbarzeichenherrscher		
8 - 9	Mo/Me	Ju/Ur	So + ZH
9 - 10	Ve/Mondknoten	Ve	Ve/Ne
10 - 11	Mo/Ve	Ur/Ne	Mo/Ve
11 - 12	Ju + ZH	Ju + ZH	Ju + ZH
12 - 13	Ju + ZH	Ju + ZH	Ju + ZH
13 - 14	So/Pl	Ne/Pl	So/Ma
14 - 15 15 - 16	Zeichenherrscher plus Herrscher des Oppositionszeichens		
16 - 17	Pl + Ve/Ur	Me/Pl	So/Pl
17 - 18	Ju/Sa	Mo/Pl	So/Me
18 - 19	Ve + ZH	Ve + ZH	Ve + ZH
19 - 20	Mo/Ve	Ur/Ne	Sa/Pl
20 - 21	Ve/Sa	Ve	Me/Ma
21 - 22	So/Me	So/Ma	Mo/So
22 - 23	Herrscher der Opposition plus Nachbarzeichenherrscher		
23 - 24	Me + ZH	Sa/Ur	Ur/Pl, Ju/Ne
24 - 25	Sa/Ur	So/Ju	Ju/Pl + ZH
25 - 26	Ne/Ne/Ne	Ma/Sa	Sa/Ur
26 - 27	Pl + ZH	Sa/Pl, Ur/Pl	Me/Ne, Ne/ZH
27 - 28	Mo/Ju	Me/Sa/Ur	Ma/Sa
28 - 29	Mo/Ma	Me/Ur/Ne	Ne/Ne
29 - 30	Zeichenherrscher plus Herrscher des Nachbarzeichens		

ZH = Zeichenherrscher

Über den Autor

Michael Roscher studierte Wissenschaftstheorie, Psychologie, Philosophie und Medizin. Heute arbeitet er als Schriftsteller, Lehrer und Lebensberater, und seit mehr als 20 Jahren als praktischer Astrologe. Von Jugend an beschäftigte er sich intensiv mit Astrologie. Er ist Autor von mehr als 20 Büchern zum Thema. Die von ihm entwickelte Methode der Horoskopdeutung erhielt den Namen Transpersonale Astrologie. Nach längeren Studien- und Forschungsaufenthalten in Heidelberg, Indien und Nepal, gründete er 1986 die SCHULE FÜR TRANSPERSONALE ASTROLOGIE®. Neben seiner Tätigkeit als beratender Astrologe liegt sein derzeitiger Arbeitsschwerpunkt im Bereich Firmenberatung, Psychosomatik, Astromedizin und Ultrakurzzeitcoaching für Einzelpersonen und Paare.

Horoskopanalysen

»Querverbindungen«, eine etwa 60-seitige schriftliche Charakterdeutung in Zusammenarbeit mit Werner Völkel, stellt einen wichtigen Bestandteil des Angebots von Michael Roscher dar. Das in diesem Buch dargebotene Wissen und darüber hinaus die gesamte Interpretationsmethode der Transpersonalen Astrologie wird dabei bis in Satzteile hinein auf den Einzelfall zugeschnitten. Dieser persönliche Zuschnitt erfolgt durch die intelligente Verdichtung einiger tausend Horoskopinformationen und die Filterung eines Textbestandes von über 10.000 Seiten.

»Querverbindungen – das Jahr«, eine 50-70-seitige schriftliche Prognose, ist die neueste Entwicklung des Autorenpaars Roscher-Völkel. Sie greift auf die umfangreiche Wissensbasis der Charakterdeutung ‚Querverbindungen' zu und wendet diese auf die Transitauslösungen eines Jahres an. Der Leser erfährt hier insbesondere, welche Auswirkungen für ihn persönlich aufgrund der Häuser- und Herrscherbeziehungen des jeweiligen Transits zu seinem Geburtshoroskop zu erwarten sind. Die Gefahren wie auch die besonderen Chancen einer bestimmten Zeitqualität werden anschaulich beschrieben und auf die individuelle Lebensthematik des Horoskopeigners bezogen.

Diese Horoskopanalysen sind Neuentwicklungen und greifen auf aktuelle Forschungsergebnisse zurück. Keine davon ist als Software oder in Lizenz erhältlich. Die vertieften Deutungen werden von den Autoren für einen interessierten Kundenkreis in Einzelanfertigung erstellt. Leseproben und weitere Informationen dazu finden Sie im Internet unter www.astropage1.de oder per Post bei Werner Völkel, Wemdinger Str. 12, D-90451 Nürnberg, Tel./Fax 0911 64 44 15

Standardwerke der Astrologie

MICHAEL ROSCHER UND WERNER VÖLKEL

Das Buch der Häuserherrscher

Querverbindungen im Horoskop
332 Seiten, gebunden
ISBN 3-925100-83-0

Der bekannte Buchautor Michael Roscher widmet sich in diesem Werk gemeinsam mit Werner Völkel der Analyse von Querverbindungen im Horoskop. Grundlage ist das System der Häuserherrscher: Anhand der Herrscherverknüpfungen lassen sich zu jedem der durch die zwölf Häuser symbolisierten Lebensbereiche individuelle Deutungsaussagen ableiten.

Dieses Buch bietet ausführliche Deutungen zu 144 möglichen Herrscherverknüpfungen im Horoskop. Die Texte sind sehr praxis- und erfahrungsbezogen geschrieben und zeichnen sich durch psychologischen Tiergang aus. Durch seinen systematischen und übersichtlichen Aufbau ist dieses Buch bestens als Nachschlagewerk für die tägliche Deutungspraxis geeignet. Es kann von Einsteigern und Profis gleichermaßen mit Gewinn genutzt werden.

Standardwerke der Astrologie

BRIGITTE HAMANN

Ihr Lebensziel

Die IC/MC-Achse und
der Lebenssinn im Horoskop
288 Seiten, Broschur, 7 Abbildungen

ISBN 3-925100-73-3

Das Lebensziel wird im Horoskop meist an der Stellung des Medium Coeli (MC) abgelesen. Die Vorstellung, dass wir uns von einem Ausgangspunkt, dem Imum Coeli (IC), auf dieses Lebensziel zu bewegen und dass das MC somit das Ergebnis und die Erfüllung dieses Zieles darstellt, ist jedoch unzureichend. Aufgrund intensiver Studien kam die Autorin zu einem bahnbrechenden Ansatz: Das Lebensziel liegt im Ausgleich der Gegensätze, in der Mitte zwischen beiden Polen. Das IC enthält unser schöpferisches Potential. Am MC finden Sie die ergänzenden Eigenschaften, Verhaltensweisen und Themen die Sie benötigen, um dieses Potential in seiner besten Form verwirklichen zu können. Außerdem gibt es einen Fluchtpunkt. Dieser beschreibt wichtige Vermeidungsstrategien, die wir anwenden, um unseren Lernthemen auszuweichen.
Die Autorin beschreibt die spirituellen, psychologischen und astrologischen Deutungsgrundlagen der beiden Gegenpole. Dabei kommen dem IC und dem 4. Haus eine tragende Rolle zu, denn dort ist das, »was unsere Welt im Innersten zusammenhält.« Die zwölf Lebensziele sind in einer anschaulichen und eingängigen Sprache beschrieben.

Da dieses Buch nicht nur Konstellationen beschreibt, sondern auch eine Fülle an Anregungen zur Umsetzung gewonnener Erkenntnisse in das Tägliche Leben enthält, ist es nicht nur für fortgeschrittene Astrologen eine bereichernde Lektüre, sondern auch gerade für Astrologie-Einsteiger. *Meridian*

Standardwerke der Astrologie

MICHAEL ROSCHER

Das Astrologiebuch

Berechnung, Deutung, Prognose
506 Seiten, Hardcover,
zahlreiche Abbildungen
3-89997-117-5

Michael Roschers Lehrbuch der Astrologie erschließt Ihnen systematisch die Grundlagen des Horoskops. Es ist didaktisch hervorragend aufbereitet. Was zum Verständnis unverzichtbar und welcher Schritt der nächste zur tieferen Einsicht ist, zeigt sich auf einen Blick, denn die einzelnen Kapitel des Buches sind nach Schwierigkeitsgrad und Wichtigkeit geordnet und gekennzeichnet. Selbst der Anfänger lernt so in kurzer Zeit auch komplexe Zusammenhänge verstehen.

»Diese Einführung kann mit Recht als eines der Standardwerke der Astrologie bezeichnet werden. In einfacher, laienverständlicher Sprache, in didaktisch sinnvollen Schritten und immer mit Beispielen zur Verdeutlichung, stellt er die Grundlagen der seriösen Astrologie dar: die Bausteine für jegliche Horoskopinterpretation, die Technik der Horoskopberechnung und -deutung sowie der astrologischen Prognose.« *ekz-Informationsdienst*

Standardwerke der Astrologie

MICHAEL ROSCHER

Kritische Grade in der Prognose

Mit einem Vorwort von Brigitte Hamann und Hinweisen zur praktischen Anwendung von Christopher A. Weidner

108 Seiten, Leinen

ISBN 978-3-89997-141-5

Die Interpretation der einzelnen Grade des Tierkreises ist eine klassische Methode zur Feindeutung von Horoskopen. Michael Roscher zeigt in seinem System, dass die Grade des Tierkreises in unterschiedlicher Stärke wirken und folglich auch eigenständige Bedeutungen haben. In diesem Band werden nun die Bedeutungen der einzelnen Tierkreisgrade für die Prognose veröffentlicht. Es ist die Ausgabe letzter Hand seines Regelwerkes, die um alle Erweiterungen des Autors bis zum Jahr 2005 ergänzt wurde. Christopher Weidner gibt in einem zusätzlichen Kapitel nützliche Hinweise zur praktischen Deutung.

»Für Kenner der Transpersonalen Astrologie (TPA) ist dieses Buch ein lang erwartetes und unverzichtbares Arbeitsmittel für die Prognose und die Metagnose. Im Lebenswerk von Michael Roscher nehmen die Kritischen Grade eine zentrale Stellung ein – man könnte sie mit Fug und Recht als seine bedeutsamste Entdeckung bezeichnen. Somit schließt sich auch hier eine Lücke.« *www.astrophoenix.de*

Standardwerke der Astrologie

MICHAEL ROSCHER

Venus und Mars

Partnerschaft und Sexualität im Horoskop

335 Seiten, Hardcover, 23 Abbildungen

ISBN 978-3-89997-172-9

Venus und Mars sind die Symbole für Eros und Sexus in der Astrologie. Sie entsprechen den zwei Polen unserer Begegnungs- und Partnerschaftsfähigkeit - die gefühlsbetonte und die geschlechtliche Liebe. Die herkömmliche Astrologie kennt den Vergleich der Horoskope von Partnern. Michael Roscher beschreitet einen anderen Weg: Er analysiert die Konstellationen von Venus und Mars im Individual-Horoskop und leitet daraus das entsprechende Partnerschaftsbild sowie die Fähigkeit ab, Beziehungen einzugehen und zu gestalten. Sämtliche Venus- und Mars-Konstellationen werden kommentiert unter besonderer Berücksichtigung der Häuserthematik. Besprechungen von Beispielhoroskopen veranschaulichen die jeweiligen Bilder. Roschers Interpretationen gehen in ihrer Aussagefähigkeit weit über das hinaus, was man in der astrologischen Literatur hierzu bislang finden konnte.

»Mit diesem Buch ist den Lesern und Leserinnen ein Instrument in die Hand gegeben, um die Qualität ihrer Partnerschaft und die in ihr liegenden Herausforderungen und Entwicklungsaufgaben mit astrologischen Mitteln aufzuschlüsseln. Ein spannendes, wenn auch zeitaufwendiges Lehrbuch zu einem wichtigen Thema.«

Astrologie Heute Nr. 138

Standardwerke der Astrologie

MICHAEL ROSCHER

Der Mond

Licht und Schatten astrologischer Mondkonstellationen
Hardcover, 7. Auflage, 542 Seiten, 35 Abbildungen
ISBN 978-3-89997-128-6

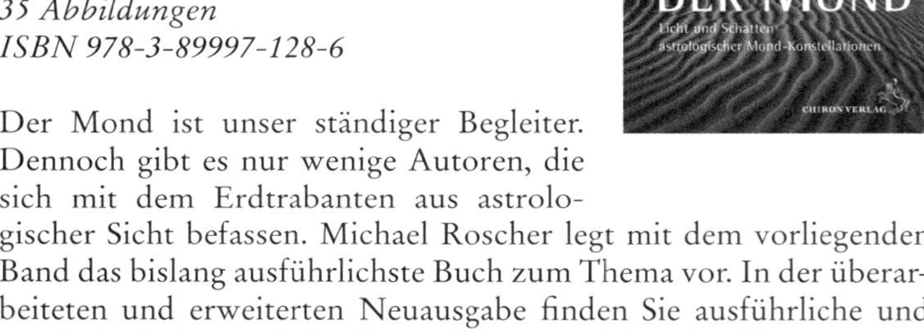

Der Mond ist unser ständiger Begleiter. Dennoch gibt es nur wenige Autoren, die sich mit dem Erdtrabanten aus astrologischer Sicht befassen. Michael Roscher legt mit dem vorliegenden Band das bislang ausführlichste Buch zum Thema vor. In der überarbeiteten und erweiterten Neuausgabe finden Sie ausführliche und psychologisch ausgefeilte Darstellungen zu folgenden Themen:

- der Mond in den zwölf Tierkreiszeichen,
- der Mond in den zwölf Häusern,
- der Einfluss des Aszendenten auf die Monddeutung
- die Mondaspekten der Planeten und des Aszendenten
- die Mond-Transite.

Dabei hat der Autor nicht nur die Schattenseiten des Mondes berücksichtigt, sondern stellt auch dessen Lichtseiten dar. So erfahren Sie aus der Mondstellung nicht nur Ihre persönliche Lernaufgabe, sondern auch Ihre besonderen Fähigkeiten und Fertigkeiten.

Im Vergleich zu der vorliegenden ja eher spärlichen Literatur zum Thema Mond ist es wohl nicht zu hoch gegriffen, wenn man Roschers Mond-Buch als einen Klassiker bezeichnet. *Astrologie Heute*